图书馆文献信息检索与信息资源建设研究

孙晓燕 著

北京工业大学出版社

图书在版编目（CIP）数据

图书馆文献信息检索与信息资源建设研究 / 孙晓燕著. 一 北京：北京工业大学出版社，2022.1
ISBN 978-7-5639-8252-3

Ⅰ．①图… Ⅱ．①孙… Ⅲ．①图书馆－信息检索－研究 ②图书馆－信息资源－资源建设－研究 Ⅳ. ① G254.97 ② G250.73

中国版本图书馆 CIP 数据核字（2022）第 026952 号

图书馆文献信息检索与信息资源建设研究
TUSHUGUAN WENXIAN XINXI JIANSUO YU XINXI ZIYUAN JIANSHE YANJIU

著　　者：	孙晓燕
责任编辑：	张　贤
封面设计：	知更壹点
出版发行：	北京工业大学出版社
	（北京市朝阳区平乐园 100 号　邮编：100124）
	010-67391722（传真）　　bgdcbs@sina.com
经销单位：	全国各地新华书店
承印单位：	唐山市铭诚印刷有限公司
开　　本：	710 毫米 ×1000 毫米　1/16
印　　张：	12.25
字　　数：	245 千字
版　　次：	2023 年 4 月第 1 版
印　　次：	2023 年 4 月第 1 次印刷
标准书号：	ISBN 978-7-5639-8252-3
定　　价：	72.00 元

版权所有　　翻印必究

（如发现印装质量问题，请寄本社发行部调换 010-67391106）

作者简介

孙晓燕，女，1980年4月生，副研究馆员，现任山西工商学院图书馆馆长，研究方向为图书馆管理及文献信息资源建设。参与省级、校级课题研究，并发表论文10余篇，其中《民办高校图书馆如何为教学和科研提供文献资源保障》获山西省图书馆学术研讨会交流论文二等奖。

主持校级教学改革创新项目及校级科研课题结项4项，在研1项；主持省级课题4项，山西省高等学校哲学社会科学研究项目"应用型高校'三全育人'理念下协同育人实践教育项目——以图书馆'辅线育人'工程为例"1项，山西省社会科学院2020年度规划课题"山西优秀传统文化在应用型本科高校育人体系的作用研究"1项，山西省高等学校教学改革创新项目2项。2017年指导学生参加了由教育部高等学校图书情报工作指导委员会读者服务创新与推广工作组、中国高等教育文献保障系统（CALIS）管理中心主办的第二届全国高校图书馆阅读推广案例大赛，以"辅线育人，开启阅读推广新篇章"为案例获得优秀奖；2019指导学生参加了中国图书馆学会阅读推广委员会主办的首届"图书馆杯全民英语口语风采展示活动"，获优秀组织奖等。

前　言

图书馆是知识信息的主要载体，也是知识信息的服务部门。图书馆的根本职能是对各类知识信息进行收集、整理、加工、存储、管理与提供利用。图书馆拥有丰富的文献信息资源，涵盖各领域、各学科。我国信息技术飞速发展，图书馆文献信息资源检索技术的出现给图书馆文献信息资源的利用带来了前所未有的便捷。但是目前我国对图书馆文献信息资源检索技术的利用还不够深入，不能完全满足用户需求。本书对图书馆文献信息资源建设的背景及信息检索相关问题进行了研究和分析，并提出了文献信息资源建设的相关策略。

全书共七章。第一章为绪论，主要包括认识图书馆、图书馆的文献需求、图书馆的发展趋势。第二章为图书馆文献信息检索的理论，主要包括文献信息检索的界定、图书馆文献信息检索的语言、图书馆文献信息检索的工具、图书馆文献信息检索的技术、图书馆文献信息检索的步骤。第三章为图书馆文献信息资源的采集，主要包括图书馆纸质文献信息资源的采集、图书馆数字文献信息资源的采集、图书馆网络文献信息资源的采集。第四章为图书馆科技文献资源的检索，主要包括专利文献资源检索、标准文献资源检索、科技期刊资源检索、科技报告资源检索、会议文献资源检索。第五章为图书馆社科文献资源的检索，主要包括古籍文献检索，近现代文献检索，报刊资料检索，词语、文句、人物等检索。第六章为图书馆文献信息资源的建设，主要包括图书馆文献信息资源建设的现状、图书馆文献信息资源建设的内容、图书馆文献信息资源建设的原则、图书馆文献信息资源建设的策略。第七章为图书馆文献信息资源的评价，主要包括信息资源建设评价概述、图书馆文献信息资源评价的标准和作用、图书馆文献信息资源评价的方法、图书馆文献信息资源建设评价指标体系构建。

为了确保研究内容的丰富性和多样性，笔者在写作过程中参考了大量理论与研究文献，在此谨向相关文献的作者表示衷心的感谢。

最后，限于笔者水平，书中难免存在一些不足之处，在此恳请广大读者批评指正！

目 录

第一章 绪 论 ·· 1
    第一节 认识图书馆 ·· 1
    第二节 图书馆的文献需求 ·· 7
    第三节 图书馆的发展趋势 ·· 10

第二章 图书馆文献信息检索的理论 ··· 24
    第一节 文献信息检索的界定 ·· 24
    第二节 图书馆文献信息检索的语言 ·· 35
    第三节 图书馆文献信息检索的工具 ·· 38
    第四节 图书馆文献信息检索的技术 ·· 45
    第五节 图书馆文献信息检索的步骤 ·· 49

第三章 图书馆文献信息资源的采集 ··· 53
    第一节 图书馆纸质文献信息资源的采集 ····································· 53
    第二节 图书馆数字文献信息资源的采集 ····································· 57
    第三节 图书馆网络文献信息资源的采集 ····································· 62

第四章 图书馆科技文献资源的检索 ··· 78
    第一节 专利文献资源检索 ·· 78
    第二节 标准文献资源检索 ·· 85
    第三节 科技期刊资源检索 ·· 90
    第四节 科技报告资源检索 ·· 95
    第五节 会议文献资源检索 ·· 99

第五章　图书馆社科文献资源的检索 ············ 105
　第一节　古籍文献检索 ············ 105
　第二节　近现代文献检索 ············ 114
　第三节　报刊资料检索 ············ 118
　第四节　词语、文句、人物等检索 ············ 121

第六章　图书馆文献信息资源的建设 ············ 134
　第一节　图书馆文献信息资源建设的现状 ············ 134
　第二节　图书馆文献信息资源建设的内容 ············ 139
　第三节　图书馆文献信息资源建设的原则 ············ 142
　第四节　图书馆文献信息资源建设的策略 ············ 148

第七章　图书馆文献信息资源的评价 ············ 163
　第一节　信息资源建设评价概述 ············ 163
　第二节　图书馆文献信息资源评价的标准和作用 ············ 169
　第三节　图书馆文献信息资源评价的方法 ············ 174
　第四节　图书馆文献信息资源建设评价指标体系构建 ············ 183

参考文献 ············ 187

第一章 绪 论

图书馆是一个有机生长体，其发展一直以来都是图书馆界研究的话题。随着社会的发展和科学技术的不断进步，图书馆也在不断受到冲击和挑战。

第一节 认识图书馆

一、图书馆的定义

关于图书馆的科学定义，由于人们的认识和侧重点不同，表述也各不相同。到目前为止，可以说还没有一个公认的标准化的定义。现将国内外关于图书馆有代表性的定义列举如下。

英国的《不列颠百科全书》对图书馆的解释："图书馆是把很多书收藏在一起，为了阅读、研究或参考。"

法国的《大拉鲁斯百科全书》对图书馆的解释："图书馆的任务是保存用各种不同文字写成的、用各种方式表达的人类思想资料……图书馆收藏各种类别的、组织起来的图书资料，以便用于学习、研究。"

日本的《广辞苑》对图书馆的解释："图书馆是搜集、保管大量书籍，供公众阅读的设施。"

《苏联大百科全书》对图书馆的解释："图书馆是组织社会利用出版物的文化教育和科学辅助机关。"

美国的《美国百科全书》对图书馆的解释："图书馆出现以来，一直担负着收集、保存和提供资料三项主要职能。"

中国的《图书馆学百科全书》对图书馆的解释："图书馆是收集、整理和保存文献信息，并为读者提供优质服务的科学、文化、教育机构。"

中国的《辞海》对图书馆的解释："图书馆是搜集、整理、收藏和流通图书资料，以供读书、学习和参考研究的文化机构。"其中包含两层含义，一是图书馆是收藏图书资料的地方；二是图书馆收藏的图书资料是供人使用的。"藏"是用的前提，"用"是藏的目的，二者相辅相成，缺一不可。

我国图书馆界著名学者吴慰慈指出："图书馆是搜集、整理、保管和利用书刊资料，为一定社会的政治、经济服务的文化教育机构。"这个定义反映了20世纪90年代以前人们对图书馆的认识，它是对传统图书馆本质的概括。这个定义可以回答有关传统图书馆的四个问题：一是图书馆的工作程序——对书刊资料进行搜集、整理、保管和利用；二是图书馆的工作对象——书刊资料；三是图书馆活动的目的——为一定社会的政治、经济服务；四是图书馆的性质——文化教育机构。

二、图书馆的性质

图书馆作为一种社会机构，它纵向继承和发展了人类的智慧结晶，横向架起了知识创造和知识利用的桥梁。它以收藏与储存的文献为媒介，以传递为手段，把知识信息扩散到不同的读者中，起到信息交流的作用。从图书馆本身所具有的特殊性看，其性质也是独特的，概括起来主要包括社会性、学术性、教育性、服务性等。

（一）社会性

图书馆是为人们提供图书财富的文化机构，具有明显的社会性。首先，图书馆的藏书是人类共同的精神财富，它利用凝聚着古今中外人们智慧结晶的文献，通过提供阅读的方式，促成知识的传播和信息的交流，并直接介入社会的政治、经济、科学、文化领域。其次，图书馆也是组织读者充分利用人类文化遗产的机构。

（二）学术性

图书馆的学术性体现在它的工作是科学研究工作的重要组成部分，它是为科学研究提供文献信息的重要基地。图书馆的学术性还体现在图书馆工作本身就是一项具有科学性的研究工作，是对知识信息进行保存、加工、整序并提供利用的，要做好这些工作，需要相应的知识与技能。

（三）教育性

图书馆以传递知识信息为手段，对社会上的一切具有利用图书馆能力的人——读者起着独特的、必然的教育作用。列宁认为图书馆是一种提高人民教育质量和文化水平的重要机构，图书馆可以成为仅次于学校的全国最普及的文化教育机构，可以成为社会主义教育的支柱。李大钊曾经说过："现在的图书馆已经不是藏书的地方，而是教育的机构。"这些论述指明了图书馆的教育特性。

就形式而言，图书馆是通过传播所收藏的知识文献对读者进行宣传教育的；就教育内容而言，图书馆的藏书涉及各个领域；就教育对象而言，图书馆具有广泛性。毫不夸张地说，图书馆是社会教育的重要场所。

（四）服务性

图书馆是知识的生产与知识的利用之间的桥梁，这种桥梁作用体现了图书馆作为社会知识交流系统中的一个环节所具有的服务性和中介性。图书馆本身并没有创造文献，也没有利用文献，它的搜集、整理、加工文献的工作是提供服务的物质基础和前提条件，其目的是最大限度地发挥文献的作用，以满足读者千差万别的阅读需求。

三、图书馆的职能

学校图书馆在学校的教育工作和科学研究工作中起着重要的作用。李大钊曾明确指出，现在的图书馆已是教育机构。因此，图书馆不再只是借还图书的地方，而是具有多方面的职能，如传递情报信息、推广科学知识、保存文化遗产等。图书馆的职能归纳起来主要有三个方面：教育职能、情报职能和开发智力资源职能。

（一）教育职能

图书馆配合学校对学生进行道德品质的培养。图书馆应做好书刊资料的宣传工作，引导读者学习马克思主义，树立正确的人生观、价值观。图书馆应配合学校对学生进行专业教育和素质教育。图书馆应提供各个门类、学科及各种水平的参考辅助资料等，以完善学生适应时代需要的综合知识结构。

（二）情报职能

图书馆中有丰富的文献，汇集着最新的科研成果，拥有大量的情报源。及时加工和整序文献，迅速而准确地传递情报信息，实现文献的情报价值，是图书馆情报价值的体现。图书馆的工作过程，就是情报的输入、输出过程。图书馆既是情报的吸收源，源源不断地吸收大量的科学情报；又是情报的释放源，不断地向用户提供科学情报。

（三）开发智力资源职能

图书馆所收藏的图书资料及知识、信息是人类同自然斗争的智慧结晶，因而其是一种智力资源。这种资源只有经过开发才能为人类服务并造福于人类。这种资源与自然资源不同，能重复使用、长期使用，还能再生出新的智力资源。

未来的信息社会需要有丰富知识的脑力劳动者。开发智力、培养人才光靠学校不够，还应依靠信息中心和信息网络。因此，图书馆必然应担负起开发智力资源的责任和义务。

四、图书馆的类型

（一）图书馆类型的划分

目前，我国还没有统一的图书馆类型的划分标准。由于标准不同，图书馆实际分类的结果也就大不一样，通常划分标准有以下几种。

1. 按图书馆隶属主管部门划分

按图书馆隶属主管部门划分，有文化系统图书馆，包括国家图书馆和省、自治区、直辖市、县的公共图书馆；有教育系统图书馆，包括教育部和各级教育主管行政部门领导的大、中、小学校的图书馆（室）；有科学院系统图书馆，包括中国科学院、中国社会科学院以及各省市科研院所的图书馆，有企业系统的工会图书馆；有青年团组织所领导的青年宫、少年宫等的图书馆；有军事系统的军事科学图书馆、军事院校图书馆；等等。

2. 按藏书的属性划分

按藏书的属性划分，有综合性图书馆，包括各级公共图书馆、综合性大学图书馆、工会图书馆等；有专业性图书馆，包括专业科学研究院所图书馆、专业院校图书馆等。

3. 按读者对象划分

按读者对象划分，有儿童图书馆、成年人图书馆、盲人图书馆、少数民族图书馆和军人图书馆等。

图书馆类型的划分是相对的，任何单一的标准都不能完全揭示图书馆的类型，只是这种划分有助于读者明确不同类型图书馆的收藏特点，在那里读者容易找到特定的文献资料。

（二）图书馆常见类型

为了便于从全国或一个地区的范围内统筹规划图书馆事业的发展，便于掌握各种图书馆的特点和它们的工作规律，就需要把我国图书馆按主管部门或领导系统划分成不同的类型。主要有以下几大类型。

1. 国家图书馆

国家图书馆是由国家创建的、面向全国的中心图书馆，是担负着国家总书库职能的图书馆。1976年8月，在瑞士洛桑召开的国家图书馆馆长会议上通过了一项政策声明，其认为"国家图书馆是图书馆事业的首要推动者、各类型图书馆的领导者，国家图书馆应在全国图书馆工作的各项规划中起中心作用"。

国家图书馆的特点：在国内图书馆中规模最大、藏书最丰富、办馆条件及各项工作具有先进水平，在全国图书馆工作的各个方面起示范作用。我国的国家图书馆是原北京图书馆，现改名为中国国家图书馆。

2. 公共图书馆

公共图书馆是为市民服务的图书馆，一般由政府税收来支持。与专业图书馆不同，公共图书馆的服务对象可以是儿童也可以是成人，即所有的普通居民。公共图书馆提供非专业的图书（包括通俗读物、报纸杂志和参考书籍）、公共信息、互联网的连接服务及图书馆教育。这类图书馆也会收集与当地地方特色有关的书籍和资讯，并提供社区活动的场所。

（1）公共图书馆的特点

公共图书馆内收藏图书广泛，读者成分多样。公共图书馆是由党中央或地方政府管理、资助和支持的，免费为社会公众服务的图书馆。它可以为一般群众提供服务，也可以为某一特定读者如儿童、工人、农民等提供服务。它是人类社会文明发展的产物。另外，其主要特征是向所有居民开放，经费来源于地方行政机构的税收；其设立和经营必须有法律依据。

（2）公共图书馆在我国的情况

19世纪末我国维新派倡导的公共藏书楼和他们建立的学会藏书楼已具有公共图书馆的性质，20世纪初出现了公共图书馆。1904年古越藏书楼正式向读者开放。之后，湖南图书馆、湖北省图书馆建立。江苏省、山东省、陕西省、浙江省、河北省等都建立了公共图书馆。1909年清政府颁布《京师图书馆及各省图书馆通行章程》，促进了公共图书馆的建立和发展。1912年京师图书馆对外开放。1914年全国共有省级公共图书馆18所。中华人民共和国成立后，我们建立了全国规模的公共图书馆系统，1987年全国县级以上公共图书馆共有2 440所，藏书2.7亿册，全年服务读者1.16亿人次。

公共图书馆的馆藏大多是综合性的，通常建有地方文献的专藏处。一些大中型公共图书馆常设有分馆，服务对象广泛，包括各种职业、各种年龄和各种文化程度的读者。许多国家有专门的公共图书馆法，保证公民可免费获得图书馆提供的多种多样的服务，包括文献外借、参考咨询，以及为老年人、儿童和残疾人提供的专门服务等。有些公共图书馆还对边远地区的读者提供流动服务。对我国来说，公共图书馆的规模取决于具体城镇的大小及当地政府的投入，图书馆的状况及藏书量相对会有很大的差别。与美国、英国、加拿大、德国等发达国家相比，我国公共图书馆的起步较晚。

在我国，公共图书馆担负着为科学研究服务和为大众服务的双重任务。其中省、自治区、直辖市图书馆是所在省、自治区、直辖市的馆际互借和业务研究、交流的中心，它们还为中小型图书馆提供业务辅导服务。县图书馆多为本县工人、农民、乡镇居民和少年儿童服务。大、中城市区图书馆的主要任务是为城市人民群众服务，其主要服务对象是城市中的各阶层居民。有些大城市的区图书馆藏书数十万册，馆员在开展馆内流通阅览活动的同时，还到街道、流通点，把书送到基层，并协助和指导街道图书馆（室）建立城市基层图书馆网。

3. 专业图书馆

专业图书馆是为科研和生产服务的学术性机构，是直接为科研与生产服务的图书馆，也称学术图书馆或专门图书馆。它的特点是管理科学化、服务方式多样化、藏书专业性强，读者对象层次高，技术设备高、精、密。如中国科学院系统图书馆、中国社会科学院系统图书馆。

4. 学校图书馆

由于各级各类学校的教学任务不同，其下属图书馆的性质与任务也有明显的差别。

①高等学校的图书馆是为学校教学与科研服务的学术性机构，是学校图书资料情报中心。其特点是专业性强、藏书质量高，与国内外学术机构有广泛的联系。如北京大学图书馆、复旦大学图书馆等。

②职业技术学校的图书馆是配合学校为社会培养专门人才而设置的图书馆。其特点是藏书具有明显的专业性，根据所设学科的特点收藏基础科学、技术科学等方面的书刊资料，主要为本校师生服务。

③中、小学的图书馆（室）是为提高中、小学教学质量而设置的图书馆（室）。其特点是藏书侧重于学习参考书、有益的科普读物、自学丛书以及适合学生阅读的政治类书刊等。中、小学的图书馆（室）主要为本校师生服务。

第二节　图书馆的文献需求

一、图书馆文献需求的目的

图书馆是收集、整理、保存文献资料并向读者提供信息服务的科学文化教育机构。其社会意义在于方便人与人之间有关知识和信息的交流，包括现代人之间的交流，现代人与过去人之间的交流，以及现代人与未来人之间的交流。由于图书馆的存在，这种交流得以长久便捷地进行下去。

为了实现图书馆的社会意义，图书馆必须拥有完整、充分的文献资料。也就是说，图书馆文献需求的目的是促进图书馆社会作用的发挥，保障图书馆文献传播职能和教育职能的实现。

二、图书馆文献需求的特征

图书馆的文献需求与其他机构或个人的有所不同，其特征是多方面的。宏观上突出的是其专业性和选择性。

（一）专业性

图书馆文献需求的专业性表现在诸多方面。从社会分工上看，图书馆作为专业的文献收藏和提供信息服务的社会机构，其文献需求的数量是其他任何机构所不能相比的；从图书馆类型上看，在适应社会的过程中产生了不同类型、不同规模、不同服务功能的所谓的专业化图书馆，这些图书馆对文献的需求有着自身的特定要求；从单个图书馆来看，不论其类型或规模如何，其对文献的需求都表现出专门性、系统性和完整性等特征。

（二）选择性

图书馆文献需求的选择性表现在图书馆要选择有价值的文献和与需求相适应的文献上，这种选择性反映了图书馆文献需求的价值取向。

在人类生存和发展的历史长河中，难以计数的各种文献产生了。图书馆不论过去、现在还是将来，都不可能也无必要收藏人类社会的所有文献。为此，图书馆必然要对社会文献进行选择。图书馆选择文献是人为的工作，自然带有社会的烙印。在社会主义条件下，图书馆需求的文献是有利于社会物质文明和精神文明产生和发展的各种文献。

图书馆要实现自身的社会职能，就必须使收藏的文献被读者使用。也就是说，馆藏文献的使用是图书馆文献需求的最高原则。为此，图书馆必须选择读者需求的各种文献。读者不需要或者不能被读者使用的文献，也是图书馆不需要的文献。

三、图书馆文献需求的内容

（一）教学需求

教学需求主要指教学过程中，教师和学生对主要教学参考文献和一般参考文献的需求。根据高校所开设的课程，教学需求又分为公共基础课教学需求、专业基础课教学需求、专业必修课教学需求等不同层次的教学需求。

对于公共基础课，如大学英语、数学、计算机等，这种一般所有专业都需要上的课程，其教学需求量较大，需求持续性强，如每年的英语四六级考试、计算机等级考试等，考试前一段时间内各高校的英语和计算机等方面图书的借阅量都居首位。这就要求高校图书馆对于公共基础课的文献需求做到数量上、质量上满足教学需求。

对于专业基础课和专业必修课，教师主要向学生传授专业知识，各专业的教学计划和教学内容也相对稳定，其文献需求通常从书名、责任者到版本都有明确、具体的要求，即使内容相同的文献，一般也不能相互替代。

此外，教学按教学计划、教学大纲进行，读者对文献的需求也随之集中在与实际授课相关的主要参考文献上，因此，读者在某段时间对某种或某类文献的需求具有集中性。高校图书馆系统地收集有关教材、教学参考书和实习用书，并按照各类教学参考书的内容质量，配备必要的复本。

（二）科研需求

科研需求主要指本校教学、科研人员进行科研时对各种文献的需求。他们在进行科研时，不仅需要与本学科、本课题直接有关的文献，有时还需要相关学科、边缘学科的文献，因此科研需求具有很强的针对性和专业性。

高校一般根据本校的学科情况，将学科分为重点学科和一般学科。对于重点学科，它是一所高校中科研课题集中、经费多的学科，也是高校的特色学科。其文献需求量大、专业性强，这就对高校图书馆提出了更高的要求。

从基础级到研究级各级文献要收藏完备，图书馆既要满足读者对基础知识掌握的需要，又要注重收集这些方面的包括最新成果的相关图书，满足科研和学科建设的需求，包括有关学科领域不同学派、不同类型、不同文种、不同级别的文献资料，图书馆重点收藏达到研究级水平的文献。在文献类型上，应包括图书、期刊、内部资料、其他连续出版物以及电子文献。图书馆特别要注意收藏各种有关的工具书。

对于一般学科，高校图书馆要满足其文献需求，就必须收集其专业领域内各种不同学派的有代表性的文献，包括外国文种的主要著作、连续出版物、文集、会议录、特种文献等。由于各高校的这类学科较多，图书经费投入较大，一般要注意多收集品种，减少数量。由于科研上更注重时效性，所以科研人员对连续出版物、电子数据库的需求更大。

（三）读者需求

高校图书馆作为学校的文献信息中心，是以向读者提供各种文献的方式来服务读者的。读者具有稳定性和单一性的特点，学生和教师是图书馆服务的主体。因此，图书馆必须了解读者需求，这样才能做好图书馆的各种工作。

1. 读者需求的概念

读者需求指读者对需要文献的寻求，是以阅读为目的，以获取文献为结果的需求。这说明了读者与文献是阅读行为的前提条件，取得文献的过程就是读者需求满足的过程。

广义上讲，读者需求就是读者对图书馆资源的需求。它不仅包括读者对图书文献的需求，还包括读者对图书馆精神资源、物质资源（图书馆的建筑设施、设备和环境等）的需求，以及读者对图书馆人力资源（图书馆的工作人员）的需求。狭义上讲，读者需求就是对书刊文献资源的需求。读者通过借阅图书馆的书刊，从中获得知识和信息，并对文献研究利用，使自身的阅读效率最大化。

具体地说，读者需求以满足读者自身的某种具体需求为目的。读者需求不仅是个人需求，也是社会需求。

2. 读者需求的类型

（1）社会型读者需求

社会型读者需求指在某一段时间、某一地区出现的具有社会共同阅读倾向的读者群体的需求。这类读者的需求不是个别现象和主观因素造成的，而是社会需求或客观发展的趋势造成的。例如，我国著名作家莫言是2012年诺贝尔文学奖的获得者，全世界的焦点都是莫言的作品，读者渴望阅读介绍"莫言作品"的相关文献。

社会型读者需求的特点是需求的文献量大、时间集中、针对性强，这种需求特点也是广大读者需求的特点。随着时间的推移、事物的变化，这种需求也逐渐发生变化，有的会从短暂的阅读需求变为持久的阅读需求，有的会发生转移，形成新的阅读需求。

面对社会型读者需求，图书馆工作人员要关心国内外发生的大事和社会发展的趋势，掌握读者需求的发展方向，使读者的长久需求与现实需求充分地结合在一起。与此同时，图书馆要加强图书的宣传，促进图书的流通，满足读者大量的阅读需求。

（2）专业型读者需求

专业型读者需求指从事各种研究工作的读者对文献提出的需求。这种读者需求与读者从事的工作密切相关。

各种行业、职业的读者，他们的阅读需求比较稳定。由于专业型读者需求与读者从事的专业实践活动在内容、目的、范围、时间上具有一致性，因而专业型读者需求表现出明显的职业特征。一般来说，从事较为复杂的专业工作的读者具有专业型读者需求，而且需求的专业性强、水平较高，需求持久稳定。

第三节　图书馆的发展趋势

一、图书馆的发展简史

图书馆的产生和出现是以文字的产生为前提的。在我国，图书馆经历了漫长的"藏书楼"阶段，发展至今已有数千年的历史。

（一）古代图书馆

古代图书馆源于奴隶社会，发展成熟于封建社会。我国古代的藏书机构统称为藏书楼。我国殷代前就产生了文字，从周朝就有了专门的藏书机构。秦始皇时，在阿房宫设有"柱下史"负责管理图书。到汉朝，皇家的藏书机构已经有很大的规模，并有了藏书的整理和书目的编制。汉成帝时，建有"在禄阁"专门藏书，并命刘向、刘歆父子加以整理，刘向编成我国最早的分类目录《七略》。三国时，"秘书令""中书令""秘书监""秘书郎""著作郎"等官职，都是负责图书管理的。隋、唐、五代，我国的私人藏书开始发展起来。宋代，皇室藏书和私人藏书都有较大发展。皇室有"秘阁""龙图阁"等，民间私人藏书有著名的四大书院："白鹿洞书院""岳麓书院""应天书院"和"嵩阳书院"。到明代，从《永乐大典》的编纂可以看出当时皇室藏书的丰富程度，而民间也产生了如"汲古阁""天一阁""澹生堂"等一大批私人藏书楼。清代，民间的藏书活动日益普遍，皇室藏书则有著名的七阁："文渊阁""文津阁""文源阁""文溯阁""文宗阁""文汇阁""文澜阁"。乾隆时，《四库全书》的编纂，也反映了皇室藏书的丰富情况。宋到清是我国古代图书馆的繁荣发展时期。

我国古代的图书馆名称很多，如府（西周的故府、盟府）、宫、阁、观（东汉的东观）、殿（隋代的观文殿）、院、斋（清代的知不足斋）、堂、楼（清代的铁琴铜剑楼）等。我国古代的图书馆大体可以分为四个体系：官府藏书、书院藏书、私人藏书、寺观藏书。

（二）近代图书馆

近代图书馆是伴随着资本主义制度的形成，由古代图书馆演变而来的。17世纪中叶英国的资产阶级革命，使资本主义开始在西方萌芽，这为图书馆的发展创造了新的条件。资本主义大工业的产生，使图书馆不再是特权阶层独享的东西，真正进入了劳动者的生活，因为工业生产要求工人有较多的劳动知识和劳动技能，图书馆一定程度上承担了工人的劳动培训任务。

我国近代图书馆是在西方文化传入后，不断发展起来的。封建时期的藏书楼已不适应社会发展的需要，逐渐走向解体，而为公众服务的公共图书馆不断出现。1903年，古越藏书楼建成。1925年，中华图书馆协会成立。1938年，我国各类图书馆达到了5 196所。

（三）现代图书馆

第二次世界大战以后，随着科学技术的发展，图书馆进入了一个新的发展阶段——现代图书馆时期。

现代图书馆以电子计算机技术在图书馆的应用为标志。1966年机读目录（MARC）研制成功，图书馆的技术方法得到很大改进。计算机技术、光学技术、声像技术、缩微技术等现代信息技术的应用，使图书馆的藏书结构、服务方式、服务手段发生改变。

中华人民共和国成立后，我国的图书馆事业虽然经历了一些波折，但还是取得了巨大的成就，形成了由公共图书馆、高校图书馆、科学图书馆、专业图书馆、其他图书馆等构成的图书馆体系。在信息时代，图书馆又面临新的发展机遇，数字图书馆、虚拟图书馆、电子图书馆等名词的出现和讨论，成为现代图书馆的一大景观。

数字图书馆是用数字技术处理和存储各种文献的图书馆，实质上是一种分布式信息系统。它把各种不同载体、不同地理位置的信息资源用数字技术储存，以便于跨越区域、面向对象的网络查询和传播。它涉及信息资源加工、存储、检索、传输和利用的全过程。通俗地说，数字图书馆就是虚拟的、没有围墙的图书馆，是网络环境下共建共享的可扩展的知识网络系统，是超大规模的、分布式的、便于使用的、没有时空限制的、可以实现跨库智能检索的知识中心。

复合图书馆也称混合图书馆，是传统图书馆与数字图书馆的并存形式，也是传统图书馆过渡到数字图书馆的一个过渡形式。在复合图书馆中，信息资源、信息载体、技术方法、服务规范、服务对象、服务手段、服务设施、服务产品等都是复合的，即传统与现代并存。

"复合图书馆"最早由图书馆学家苏顿提出。他将图书馆分为连续发展的四种形态，即传统图书馆、自动化图书馆、复合图书馆与数字图书馆。他认为，在复合图书馆阶段，可以实现传统馆藏与数字馆藏的并存，但两者的平衡越来越倚重数字型资源，用户可以通过图书馆的服务器或网络自由访问跨地域的分布式数字化信息资源。

二、现代图书馆的发展趋势

（一）馆藏结构多元化

由于缩微技术、网络技术的发展，多媒体光盘储存技术的应用，新的信息载体不断涌现，图书馆的藏书结构发生了巨大变化，图书馆不再单靠文字形式来传递信息，用户接收的是同时具有文字、图像、声音等形式的多媒体文献信息资源。图书馆不再局限于收藏单一的印刷型的书、刊、报等，而是主要收藏音碟、影碟、录像带等视听型文献资源，发展中的传统图书馆文献促进了馆藏结构的多元化。

（二）信息资源数字化

1. 书目数据库建设

传统图书馆的卡片式目录曾被认为是打开知识宝库的钥匙，历来倍受重视。

然而，随着科学技术的发展，这一传统的手工组织起来的卡片目录已不适应现代人们的需求，书目数据库的建设，将把读者和馆员从查阅、组织目录的环境中解脱出来，电子目录将取代昔日的卡片目录，人们坐在电脑终端前就可以轻松、快捷地检索数据库中的信息。人们通过计算机网络还可进行异地联机编目和检索，这是书目资源共享的前提。

2. 全文数据库建设

全文数据库建设既包括对计算机化的各种信息资源的二次加工、建库，又包括对记录在传统介质上的大量信息资源的录入、建库。另外，越来越多的出版商将直接在互联网上建设与印刷版相对应的全文数据库，用户可随时在网上像翻阅印刷型文献一样，随意翻看自己所需的信息，并可以将其下载到自己的计算机中。大容量储存介质的出现，多媒体、超媒体技术日趋成熟，这为信息资源的全面数字化和多功能信息服务提供了强大的技术支撑，而数据库与信息网络相结合，有利于人们开辟更加广阔的信息服务领域。

（三）资源共享国际化

伴随着信息爆炸而来的文献爆炸，使世界上所有的图书馆都不堪重负，信息总量的剧增与快捷、准确、及时地获取信息的社会需求存在着严重的矛盾。在传统框架的图书馆内，这些问题无法得到解决，还有购书经费的紧缺与文献资源保障能力的不断下降，也是困扰全球所有图书馆的大难题，即使发达国家也不例外。现代信息技术的出现，为图书馆的变革提供了有效手段。

资源共享一直是图书馆领域探索研究的重要课题，人们早就提出了"合作藏书""共建共享"的构想，如早在1942年美国多个图书馆就开始实施"法明顿"计划，20世纪70年代国际图书馆协会联合会实施出版物资源共享计划，以及1957年我国颁布的《全国图书协调方案》等，虽然部分地解决了一馆一地对信息资源的占有与用户对其使用的无穷选择之间的矛盾，但对因时间与空间变化引起的操作问题并未有效解决，而电脑网络的开通，使这些问题都迎刃而解了。

信息资源的数字化、网络化，使原来的时空概念被彻底打破，远隔重洋的距离缩小到零。图书馆只要开通网络，其馆藏信息资源将从有限扩大为无限，只要信息能调进来，所有的网上信息都可以看作本馆资源，而无须顾及实际收藏这些资源的图书馆或信息机构离自己有多远。图书馆将不再为文献资源分布太广与购书经费短缺而苦恼。

在网络环境下，文献的保障体系将从分散的自给自足型的体制向统一的、资源共享型的体制转变。于是，布满通信线路的设施取代了往日密集如林的书架，高效、快捷的"及时提供"取代了图书馆历来所追求的"大而全""小而全"。

（四）馆员素质专家化

现代信息社会，多媒体技术和网络通信技术的飞速发展及其在文献处理工作中的广泛应用，使图书馆的管理手段、工作方式和服务内容也随之发生重大变化，图书馆的职能将由藏书建设和文献保障转变为对信息资源的开发提供和对用户利用文献信息的教育培训上。未来的图书馆馆员不再是借借还还的管理员，他们将从日常的体力活动中解放出来，从事更科学的技术工作，他们将是图书馆学的研究者，是计算机网络技术专家以及信息资源开发方面咨询服务的专家。

首先，图书馆馆员要掌握计算机知识和网络技术。21世纪的图书馆将是人机结合的图书馆，图书馆馆员主要通过计算机和网络来开展业务活动和为用户服务，图书馆的工作从采访、编目、借阅服务到咨询服务，无一没有计算机的参与，手工时代的文献整序工作和读者服务工作已全部计算机化。因此，他们不仅要具备图书馆学、情报学方面的知识，还要掌握计算机编目的方式方法，以及计算机检索技术，这样工作才能得心应手。

其次，图书馆馆员要具备网上获取信息的能力。21世纪，读者利用图书馆各种设备进行"自我服务"在图书馆服务中所占的比重将不断增加，图书馆对用户服务的方式将从"物的传递"向"知识的传递"转变。现代科学的交叉、渗透、分化、综合致使互联网上信息异常丰富，这为信息利用者提供了丰富的信息资源，同时增加了使用者迅速准确地获取信息的难度，如果不掌握从网上获取信息的能力，人们将只能徘徊于信息网络之外，成为信息的"穷人"，因此，快捷、准确地获取网上信息的能力是未来图书馆馆员作为"电子信息资源导航员"所应具备的技能之一，更重要的是图书馆馆员还要对用户进行网上获取信息的指导，帮助他们打开利用世界信息资源的大门。

最后，图书馆馆员应具有对信息的鉴别筛选能力和良好的外语水平。互联网上的信息资源最大的特点是无限、无序。利用功能强大的信息网络，图书馆与外部连成巨大的信息库，形成一个无限的信息空间。信息量的急剧增加，使网络空间无序扩张，造成越来越多的混乱，大量有用的和无用的信息，甚至是错误的信息堆积在互联网上，导致信息资源的吸收率下降，对此，图书馆馆员需要把网上丰富多彩的信息加以筛选和梳理，随时组织上网有用信息，下载和剔除无用及多余信息，建立具有本馆特色的信息资源网。互联网上的信息有许多是英文信息，因此，良好的英语水平，也是21世纪图书馆馆员不可缺少的条件之一。

三、未来图书馆的主体形态

随着计算机技术的发展、网络的普及，现代通信技术及信息技术的日益成熟，在可预见的未来，图书馆的形态必定发生很大的改变。传统的图书馆在新技术的推动下，将以更新的形态、更好的服务出现在读者面前。

（一）数字图书馆

1. 数字图书馆的概念

数字图书馆就是以数字形式储存和处理信息的图书馆，是将通信技术、计算机技术、微电子技术等合而为一的信息服务系统。它针对有价值的文本、图像、语音、视频、软件和各种科学数据进行收集、组织和加工，而不是像传统图书馆以纸介质或其他非数字介质为存储载体。

数字图书馆利用现代先进的数字化技术，将图书馆馆藏文献数字化，并通过互联网供用户随时随地查询，使全球各地的用户都能便捷地利用大量的、储存在不同存储空间的信息。它涉及信息资源加工、存储、检索、传输和利用的全过程。数字图书馆具有信息检索方便、远程快速传递信息和同一信息可多人同时使用等特点。

数字图书馆利用全新的科学技术，是一项全新的社会事业，能够为用户提供方便、快捷、高水平的信息化服务。数字图书馆不是图书馆实体，它对应各种公共信息管理与传播的现实社会活动，表现为新型信息资源的组织和传播。它借鉴传统图书馆的资源组织模式、借助计算机网络通信等高新技术，以普遍存取人类知识为目标，创造性地运用知识分类和精准检索手段，有效地进行信息整序，使人们方便而快捷地获取信息。

2. 数字图书馆的类型

根据构建主体的不同，现有数字图书馆可以划分为五种基本类型：①基础组织型，即以中国国家图书馆、美国国会图书馆等传统图书馆为主体的复合型图书馆，该类型图书馆将实体资源与数字资源有机结合在一起，为社会营造公益性信息化服务环境。②区域建设型，即以地区或部门的资源共享为目标，集技术、人才、管理为一体的协同发展形态，如区域性门户网站（珠江三角洲数字图书馆联盟、俄亥俄州图书馆与信息合作网等）和涉及教育、科研、政府、学会等的机构知识库（中国科学院国家科学图书馆机构知识库、美国计算机协会数字图书馆等）。③内容集成型，即一种大规模收录、整合、深度开发原始文献、全文知识元数据等的产业化信息资源整合系统，如万方数据资源系统、超星数字图书馆等。④出版发行型，主要指从出版内容提供商向信息服务提供商转型的专业出版企业推出的资源体系，如荷兰爱思唯尔出版集团的全文数据库、德国施普林格出版集团的全文数据库、人民交通出版社的中国交通运输知识服务数字出版平台等。⑤搜索平台型，即依托互联网搜索引擎公司的资金技术支持和人才用户优势谋求快捷性、多样化的信息服务，索引数据大致涵盖科研机构或学者个人的学术成果、开放获取期刊的学术资源等，应用项目如百度文库等。这五种类型各具特色、相互借鉴和补充，构成了多形态并存的数字图书馆发展格局。数字图书馆从概念上讲可以分为两个范畴，即数字化图书馆和数字图书馆系统，涉及两个方面的内容：一是将纸质图书转化为电子版的数字图书；二是电子版图书的存储、检索和流通。

3. 数字图书馆的优点

（1）信息储存空间小，资料不易损坏

数字图书馆是把信息以数字化的形式加以储存的，信息一般储存在光盘或硬盘里，与过去的纸制资料相比存储空间小。同时，传统图书馆在纸质资料管理上有一大难题，就是资料经多次查阅后会有不同程度的磨损，这对于一些原始的、比较珍贵的孤本资料，无异于一场灾难，对人类而言也是莫大的损失。数字图书馆的管理方式很好地避免了这一问题。

（2）信息查阅检索方便

数字图书馆都配备有电脑查阅系统，读者通过检索一些关键词，就可以获取大量的相关信息。而以往图书资料的查阅，都需要经过检索、找书库、按检索号寻找书架再锁定图书等多道工序，极不方便。

（3）远程快速传递信息

图书馆的建设面积是有限的。传统图书馆位置固定，读者往往要花费大量的时间在去图书馆的路上。数字图书馆则可以利用互联网快速传递信息，读者只需登录网站，轻点鼠标，即使和图书馆所在地相隔千山万水，也可以很快找到自己想要查阅的资料信息，这种便捷是传统图书馆不能比拟的。

（4）同一信息可供多人同时使用

传统图书馆的馆藏一般很少有多本同一书籍，而一本书一次只可以借给一个人使用，当多人需要同时使用这本书时便会产生冲突与不便。数字图书馆则可以突破这一限制，一本"书"通过服务器可以同时借给多个人查阅，大大提高了信息的使用效率。

（二）电子图书馆

1. 电子图书馆的概念

电子图书馆通常指在局域网上构建的图书馆。它是将图文信息、文献资料数字化后，存储在光盘或磁盘上（服务器），读者通过网络上的工作站（终端）实现浏览、查找、阅读、打印等多项需求。当前，利用光盘库或光盘塔在网上呈现图文信息，是电子图书馆的基本形态。

2. 电子图书馆的特点

①馆藏均为电子出版物。
②读者通过电脑终端检索，通过移动存储设备来获取电子信息。
③读者通过网络可进入所有电子图书馆查看馆藏。

（三）虚拟图书馆

1. 虚拟图书馆的概念

虚拟图书馆一般指在广域网上构建的图书馆。当前国际上最大的虚拟图书馆就是在互联网上构建的图书馆。它是由用户（某个图书馆或读者个人）自己通过目录管理软件（一种网络资源管理软件）、超文本传输协议/超文本标记语言（HTTP/HTML）等对所需的文献资源建立的超级链接。一旦这种超级链接创建成功，用户就可以随时访问链上的任何资源，相当于自己有了一个图书馆，其实用户本身并没有任何实际的物理资源，所以称其为虚拟图书馆。如果人们的移动终端与互联网实现了互联，人们便可以在网上漫游世界，在网上阅读、浏览世界虚拟图书馆的馆藏信息。

2. 虚拟图书馆的特点

（1）脱离了物理实体

虚拟图书馆没有馆舍的概念，它是一个形式虚拟体，但提供了实际的信息服务的网络环境。它依赖于计算机网络与搜索引擎技术的发展，通过优化的数据库界面，快速、准确地检索用户所需的相关信息。

（2）打破了地域的限制

虚拟图书馆通过网络打破了地域的限制，实现了最大化的本地和异地资源共享。用户阅读空间从此不再受地域限制，只要有网络和相应的配套设施，用户就可以在任意地点登录虚拟图书馆，浏览馆藏信息，图书馆的信息服务完全突破了时间和空间的限制。

（3）全面的高度数字化的海量信息资源

数字化是虚拟图书馆建立的前提条件，全面的信息数字化为压缩存储空间、改进信息的组织方式、提高检索速度、方便用户远程检索等奠定了基础。这是虚拟图书馆的基本特征。

（4）智能的个性化信息服务

虚拟图书馆把个性化的信息服务发挥到更加极致的程度，其服务系统一般由用户界面、网络系统、信息资源、数据库管理和检索系统，以及附加的检索系统构成，提供数字化的统一跨库检索服务。它的服务模式是以用户为中心，提供个性化的主动信息服务。

（5）高频度更新的动态信息资源

各种现代高科技支持下的虚拟图书馆中，其信息资源具有高度的实效性，将以零时差的效率来适应信息的快速变化。

（四）复合图书馆

1. 复合图书馆的概念

图书馆学家苏顿认为从传统图书馆到数字图书馆的连续变化中存在四种图书馆形态，即传统图书馆、自动化图书馆、复合图书馆和数字图书馆，并提出复合图书馆可以实现传统馆藏与数字馆藏并存。此想法一经提出，迅速得到了同行的认可。1998年黄宗忠教授发表了题为《论21世纪的虚拟图书馆与传统图书馆》的文章，全面翔实地论述了虚拟图书馆与传统图书馆的存在关系，并明确提出了虚拟图书馆与传统图书馆共存互补的"混合体论"。这可以说是国内复合图书馆思想的萌芽。此后黄宗忠等相继对复合图书馆的概念、理论及相关问题进行了深入研究。

2. 复合图书馆的特点

（1）信息资源复合

复合图书馆的信息资源既包括传统图书馆手写型、印刷型、缩微型、视听型信息资源，又包括电子式网络信息资源；既有实体文献，又有虚拟文献；既有单一的媒体文献，又有多媒体文献；既有联机信息资源，又有脱机信息资源。就收藏空间而言复合图书馆既有物理空间，又有网络空间。从资源的物质表现形式来看，既有信息存储的物理场所，又有信息空间和信息系统。从收藏的策略来看，既重视一馆收藏又重视联合收藏和资源共享。

（2）业务功能的复合

复合图书馆的业务涵盖了传统图书馆的全部业务。复合图书馆利用信息技术、数字技术、通信技术、网络技术、虚拟技术、多媒体技术等对传统图书馆的业务进行整合升华，以适应新环境的要求，开展一些信息服务活动，如网络采访、网络下载、网络联机编目、网络数据库开发、网络检索、网络咨询、网络传播、网络文献信息资源共享等。

（3）技术的复合与设备的复合

复合图书馆融合了信息技术、数字技术、通信技术、网络技术、虚拟技术、多媒体技术和图书馆传统技术，既有传统设备，如书架、目录柜、阅览桌椅等，又有计算机、通信设施和通信网络等现代设备。

（4）管理的复合

复合图书馆的管理，既包括传统图书馆的管理，又包括计算机管理、网络管理等数字图书馆的管理；既包括信息管理，又包括知识管理。

（5）服务对象的复合与服务方式的复合

复合图书馆的服务对象，既包括传统图书馆的用户，又包括各种网络用户、远程用户、虚拟用户等。所有不管以何种方式来利用图书馆获取知识信息的用户都是复合图书馆的服务对象。复合图书馆通过现代信息技术、虚实结合馆藏、信息资源共享、馆际互借，提供开放性的服务，其具体的服务方式千差万别，既可以提供多样化、深层次、集成式和个性化的服务，又可以提供一对多、多对多的服务；既可以提供馆内服务，又可以提供馆外服务。用户既可以亲自到图书馆来查阅信息资料，也可以在实体图书馆之外的任何时间、任何地点，通过网络来利用图书馆的信息资源。

对馆员来说，直接面向用户服务的工作内容将越来越少，大多数馆员逐步由前台服务走向后台服务，去做更高层次的工作，如馆藏文献数据库建设、网络技术维护、数据库开发、网络信息组织、用户培训等。

经过几年来的理论研究，国内外图书馆界对复合图书馆的理解大都包括以下三个方面。①信息载体多样化，即在复合图书馆中，传统印刷型文献资源与数字化信息资源互补共存。②管理服务集成化，即强调对图书馆不同来源的技术和资源进行整合，实现对传统文献资源和数字化信息资源的集成管理。③功能复合化，即认为复合图书馆是传统图书馆与数字图书馆有机结合、优势互补的统一体。这三个方面构成了复合图书馆的基本特征，是认识、研究复合图书馆及其相关问题的基础。

（五）移动图书馆

1. 移动图书馆的概念

至今，学术界对于"移动图书馆"的概念并没有形成统一的认识，国内外专家学者的观点各不相同。2006年，加拿大阿萨巴斯卡大学的曹洋等从系统建设的角度看待移动图书馆，他们认为移动图书馆是能够提供广泛的数字资源和图书馆服务的移动网站。2007年，有学者认为移动图书馆是在移动环境下支持学习的信息获取设备，是数字图书馆的移动扩展，这是从数字图书馆的视角看待移动图书馆。2008年，有学者认为移动图书馆是通过移动设备（如移动电话、掌上电脑和智能手机等）来传递信息和学习资料的图书馆，它可以让任何人在任何时间和任何地点都能够访问。2009年，图书馆学研究者崔元泰认为移动图书馆是随时、随地利用移动设备提供服务的图书馆，这包含了移动互联网服务的概念。可见，不同的学者对移动图书馆具有不同的理解。

国内有多位学者对"移动图书馆"进行了定义，比较有代表性的学者如黄群庆、胡振华和蔡新等。2004年，黄群庆认为移动用户通过移动终端设备（如手机），以无线接入方式接受图书馆提供的服务。同年，胡振华和蔡新则认为，移动图书馆是依托目前比较成熟的无线移动网络、国际互联网，以及多媒体技术，使人们不受时间、地点和空间的限制，通过使用各种移动设备（如手机、掌上电脑等）方便灵活地进行图书馆图书信息的查询、浏览与获取的一种新兴的图书馆。2011年，还有学者提出移动图书馆泛指所有通过智能手机等移动终端访问图书馆资源，进行阅读和图书馆业务查询的一种服务方式。此外，茆意宏、姜颖和陈丽萍等学者也从不同角度对其进行了定义。目前，国内文献中引用较多的是黄群庆的观点。

综合国内外学者的观点，移动图书馆就是利用现代的移动设备，为用户提供各种图书馆服务的一种移动服务方式。此外，有学者将移动图书馆理解为一种新的环境，在这种环境下用户能够随时利用图书馆，这种环境可称为"移动图书馆环境"或"移动图书馆时代"。

2. 移动图书馆的特点

（1）移动性

与传统的图书馆不同，移动图书馆最重要的特征就是具有移动性。用户能够利用移动设备随时随地接收图书逾期提醒、讲座通知、预约信息以及个性化定制信息等，也可在户外通过移动互联网随时查询所需要的图书资源。用户还可以通过移动终端设备来下载电子书刊进行随时阅读，并对图书馆、网络出版商等提供的电子资源进行在线浏览与检索。移动图书馆的移动性特征，使得用户可以充分利用碎片化时间进行移动阅读。

此外，用户还能通过各种移动设备，利用移动图书馆进行实时查询和检索，这样就节省了用户的时间，方便了用户随时获取需要的信息，同时也提高了用户获取信息的效率。移动性特征使图书馆的服务方式发生了重大的改变，从而让移动图书馆有了更为广阔的发展空间。

（2）主动性

传统的图书馆大多是根据用户需求被动地为其提供信息服务的，而移动图书馆与之不同，移动图书馆可以为用户提供积极、主动的服务。移动图书馆可以通过用户提供的资料和兴趣文档构建用户模型，根据用户的需求为用户提供主动服务。移动图书馆以满足用户信息需求为目标，针对用户的需求规律和特点为用户提供服务；移动图书馆利用数据库、馆藏资源以及网络信息资源进行信息搜集、加工和整理，以文摘、书目或全文的形式主动向用户提供信息服务。

此外，移动图书馆还可以根据用户的需求，将与用户需求密切相关的资源进行有效的整合，主动地推送给用户；或者根据用户所处的时间或地点，主动为用户提供需要的信息。

（3）集成性

移动图书馆实现了与联机公共目录检索系统的集成，为用户提供馆藏文献的检索和自助服务；实现了与数字图书馆门户的集成，为用户提供电子资源的一站式检索与全文移动阅读等服务。

（4）互动性

互动性是移动图书馆具有的重要特征之一，在移动互联网时代，新一代移动通信技术具有人网互动的功能。移动图书馆可以通过移动互联网与用户进行沟通和交流，及时为用户提供需要的信息服务。

相对于传统的"图书馆→读者"的单向服务模式，移动图书馆的互动性更强调"图书馆←→用户"的双向交流，注重用户的体验和参与。移动图书馆具有的互动性特征，为广大用户提供了参与图书馆资源建设和服务的途径，从而增强了移动图书馆的可用性和实用性。移动图书馆与用户的双向交流与互动，体现了系统设计中以用户为中心的理念，也是移动图书馆研究领域追求的目标之一。同时，社交网络理论和图书馆 2.0 理论的兴起及相关技术的发展，也为移动图书馆的互动性发展提供了理论基础和技术支持。

（5）个性化

移动图书馆能根据不同用户的信息提供个性化的服务，因此个性化特征是移动图书馆的一个主要特征。移动图书馆为用户提供了一个全新的信息服务平台，使图书馆可以全天候、全方位地为每位用户服务，并且能够根据每位用户的需求提供个性化服务。例如，移动图书馆可从用户的访问信息或构建的用户模型中挖掘用户的需求和兴趣，为用户推荐感兴趣的书籍或专题信息；移动图书馆还可以从用户历史检索行为中挖掘用户的兴趣点，从而为用户提供个性化的服务。

移动图书馆需要根据用户的不同需求提供有针对性的服务。有些用户对信息服务的要求较高，需要的是专业性较强的个性化服务，为保证服务质量，移动图书馆对信息资源的开发不能够仅停留在书目开发和资源整合上，而是需要进行深层次的信息挖掘，如通过知识挖掘研究用户的专业性信息需求，并自动实现用户的个性化配置，为用户提供高质量的信息资源。

（6）实时性

实时性特征体现在用户能够在第一时间接收图书馆发出的借阅到期提醒、讲座信息、新闻通知等即时信息，同时用户也能够及时查询并获取需要的相关信息。移动图书馆利用移动通信技术将移动互联网和图书馆完美地结合起来。

移动图书馆服务平台可以随时将传统图书馆服务提供给用户，使得任何人在任何时间都可以通过移动终端设备获得图书馆的信息与服务。在移动互联网环境下，移动图书馆可以实现全天 24 小时不间断的服务。

同时，移动图书馆可以随时为用户提供信息查询、信息提醒、信息下载、信息推送以及自动回复等服务。移动图书馆能够为用户提供一种全方位的实时服务，用户通过移动图书馆可以即时获得所需要的信息。移动图书馆的实时性特征，使其能够为用户提供更及时、更高效的图书馆服务。

（7）便捷性

便捷性是移动图书馆具有的重要特征，移动图书馆能为用户提供方便、快捷的图书馆服务。由于手机等移动设备具有重量轻、体积小等特点，便于用户携带，因此用户不会受所处的地理位置、天气情况等因素的影响，可以随时、随地访问移动图书馆的资源。

尽管移动设备没有台式电脑所具有的强大的处理功能，但其处理器已经足够胜任网络信息浏览的工作。随着移动通信技术的发展，移动数据的传输速率在大幅提高，移动设备的性能在不断增强。同时移动图书馆的功能也在不断丰富，移动图书馆能为广大用户提供更加便捷的服务。

（8）服务全天候

移动网络环境下，图书馆可以实现 24 小时的不间断服务。图书馆的移动信息服务平台可以随时随地为用户提供自动回复服务，如实时服务等。

第二章　图书馆文献信息检索的理论

目前，如何创新图书馆的文献信息检索服务，使广大群众能够快速查找到所需的文献信息资源，成为图书馆学研究的重点。

第一节　文献信息检索的界定

一、信息与文献

（一）信息

1. 信息的概念

"信息"一词是"信息论"的奠基人香农提出来的，他在研究信息理论时认为"信息是一种消息"。控制论的创始人维纳认为"信息是人们适应外部世界并且使这种适应反作用于外部世界的过程中，同外部世界进行互相交换的内容和名称"。

在我国，"信息"一词早有记载，最早出自南唐诗人李中的《暮春怀故人》："梦断美人沈信息，目穿长路倚楼台"，这里所说的信息指"音讯、消息"。信息一词在我国古代使用频率也挺高，但是一直没有一个统一的标准，以前人们对信息的理解主要是信息指消息或者某种情况。我国国家标准《信息与文献术语》（GB/T 4894—2009）给信息下的定义："信息是物质存在的一种方式、形式或者运动状态，也是事物的一种普遍属性，一般指数据、消息中所包含的意义，可以使消息所描述的不确定性减少。"

当今社会是信息社会，信息是一个极为广泛的概念，是生物信息、自然信息、人类信息等多种信息的总称，它普遍存在于自然界、生物界和人类社会之中。围绕信息而出现的信息资源、信息技术、信息产业、信息化社会和社会信息化等术语不胜枚举。信息的观点、概念和方法已经被政治、经济、科技、文化、生产等各个领域接受和应用。我们可以从多个角度去揭示信息的多重属性。

从自然界的角度看，客观事物的普遍性通常可用它的运动性、时空性、能量、系统性等表示。其普遍性既是事物千差万别的表现，又是事物之间相互联系的内容。信息概念的引入旨在说明信息既不是物质，也不是能量，而是依附于自然界客观事物而存在的，即只要物质存在，就有表征其特性的信息存在。信息实际上是客观事物运动状态、时空特性、能量大小、质地、材料、系统特征、相互联系等一切反映事物客观属性的总称。信息具有比客观事物更强的一般性和普遍性。

从人的主观认识角度看，信息是存储于人的大脑中的思想、观念、知识等。它既是对每个具体事物的属性的一种表征，又是外部客观事物属性在人的大脑中留下的印记，是物质反映属性的高级形式。哲学家把人的这种直接接收客观事物信息的功能称为人的自然信息功能。人在自然界的活动是不断排除信息传输过程中的噪声和干扰，选择、过滤和提取正确信息的过程，或者说，是通过感觉、直觉、知觉、判断等对来自不同方位的信息综合转换，使之成为对人自身活动有益的一种存在。

从人类技术和文化的角度看，信息体现在一切人为的技术和与技术有关的事物的特性之中。信息的存储在于它以某种编码的形式存在于某种介质中，如书本上的文字信息、光盘上的录音信息、照片上的图像信息、计算机中的数据信息等。这些信息既是对人造事物的表征，也是对人的知识、文化、艺术和技术水平等属性的反映。

2. 信息的特征

信息的定义揭示了信息的本质属性，信息来源于物质，而又不是物质本身；信息来源于精神世界，但也不限于精神领域；信息最终归结为物质的普遍性，用来描述物质的运动状态与运动方式。信息的物质属性决定了信息的一般属性，信息的一般属性主要有以下几个。

（1）客观性

任何物质都是信息的母体。信息是对物质存在的状态、性质与特征的客观反映，而这种反映物质状态、性质与特征的信息是客观存在的。客观存在的信息可以被人类感知、获取、整理、传递和利用。

（2）依附性

信息本身是看不见、摸不着的，它也不能独立存在和自动交流。信息只有借助某一载体或者媒介才能被交流和利用、继承和传播，信息不可能存在于任何物质之外。信息可以以文字、符号、代码等形式依附在纸张、磁盘、光盘等不同的载体上，其内容不因为记录方式或载体不同而发生改变。信息因依附这些载体而变成人类的一种信息资源与财富。

（3）时效性

物质世界中事物是不断变化的，而信息则跟随事物的变化不断变化，无论是针对信息整体还是针对某条具体的信息，其内容都会随着时间的变化而变化。当人们将特定时间的事物运动的信息通过输入、处理、输出等过程时，信息的处理与信息本身状态有一定的时间差导致信息的效用逐步减弱，以至失去价值。信息价值的体现一般分为四个阶段：升值期、峰值期、减值期和负值期。信息在不同阶段具有不同的价值，在现代信息社会，信息的应用周期越来越短，如不及时把握与利用最新信息，信息就会贬值。

（4）可传递性

信息的价值主要体现在发挥和利用上，而信息价值的发挥和利用则体现在信息的传递上。信息的传递就是信息从一个时段传递到另一个时段，从一个地方传递到另外一个地方。信息的传递分为时间传递和空间传递，信息的存储属于时间上的传递活动，而空间上的传递活动就是我们通常所说的通信。信息具有可传递性使得人们可以共享信息，在共享的基础上人们才能使信息发挥更大的作用。

（二）文献

"文献"一词最早见于《论语·八佾篇》，南宋朱熹认为"文，典籍也；献，贤也"，即"文"指的是典籍文章，"献"指的是古代先贤的见闻、言论，以及他们所熟悉的各种礼仪和自己的经历。有关标准将"文献"定义为"记录知识的一切载体"。根据该定义，除书籍、期刊等出版物外，凡载有文字的甲骨、金石、简帛、图谱乃至缩微胶片等，皆属文献的范畴。

（三）文献、信息之间的关系

文献和信息是从不同角度对同一种事物的表述：文献侧重于载体的概念，强调其作为载体记录人类客观知识的价值；而信息侧重效用性，无论其载体形式如何，强调其作为一种智力资源的开发与利用。

二、文献信息检索的概念

广义的文献信息检索包括两个方面：一是文献信息的存储，即把大量杂乱无序的文献按一定的方式科学地组织成可供查找的文献库（检索系统）；二是文献信息的查找，即根据用户的需求从已经组织好的文献库中查找出文献信息。因此，文献信息检索的全称应该是"文献信息存储与查找"。文献信息存储是对文献信息进行搜集、整理、分析、标引、著录而形成检索系统的过程，即建设文献库的过程，这是文献信息检索的前提，因为只有经过组织的有序的信息集合才能进行检索。文献库指的是有组织的文献整体，它可以是数据库的全部记录，也可以是某种检索工具，还可以是某个图书馆的全部馆藏。

狭义的文献信息检索分为数据检索、事实检索和文献检索三种。数据检索是一种以文献中的数据为对象的检索，如某公式、某化学分子式等；事实检索是以文献中的事实为对象的检索，用来检索某一事物发生的时间、地点或过程；文献检索是一种以文献为对象，查找某个课题的有关文献的检索。如果检索标识与文献信息的存储标识能够取得一致，就叫"匹配"，就可得到"命中文献"。

本书对文献信息检索的定义：文献信息检索就是将文献信息按一定的方式组织存储起来，并根据用户的需求，查找出有关文献信息的过程。对用户而言，也就是从文献集合中迅速、准确地查出所需信息的过程。

三、文献信息检索的原理

广义的文献信息检索包括两个最基本的过程，即文献信息的存储过程和文献信息的检索过程。

文献信息的存储过程主要包括对信息源进行分析和标引，将文献信息的外表特征和内容特征按一定的规则有序地存储在一定的物质载体上，以供检索者使用。

文献信息的检索过程则是检索者根据文献信息需求，确定提问词（如主题词、关键词、自由词、分类号、著者等），并将提问词转换成检索特征标识，在检索系统中查找文献线索，最后对其进行筛选，以确定需要的文献信息。检索者在检索时，务必使自己的检索特征标识与检索系统中的文献特征标识达到一致或基本一致，这样方能检索出所需要的文献。

四、文献信息检索的类型

（一）按检索对象划分

人们检索的目的是获得所需的信息，而检索的对象是记录有信息的载体。根据检索对象的形式不同，文献信息检索可分为文献型信息检索（书目检索、全文检索）、数据型信息检索和事实型信息检索。从性质上来说，文献型信息检索是相关性检索，而数据型信息检索、事实型信息检索是确定性检索，但从原理和方法上来说，它们没有本质的区别。

1. 文献型信息检索

文献型信息检索以文献为检索对象，检索结果可以是文献线索，也可以是具体的文献，如检索"我国关于教育产业化研究的论文"。完成文献型信息检索主要借助于检索工具书和文献型数据库。文献型信息检索为相关性检索，检索结果有相关程度大小和相关文献数量多少的区别。例如，同样查找"国有企业的体制改革"，由不同的人通过不同的检索系统，可以得出完全不同的相关文献。在三种检索类型中，文献型信息检索是事实型信息检索和数据型信息检索的基础，后两种类型的信息检索往往在文献型信息检索的基础上进行，三者之间在原理、方法和实践等方面有着密切的联系。

书目检索指以文献线索为检索对象的文献检索，即检索系统存储的是书目、索引、文摘等，它们是对文献的外表特征与内容特征进行描述，是文献的"替代物"。用户通过查找获得的是与检索课题有关的一系列文献线索，然后再通过阅读决定取舍。

全文检索是以文献所含的全部信息作为检索内容的文献检索，即检索系统存储的是整篇文章或整部图书的全部内容，用户检索时可以找到原文及有关的句、段、节、章等，并可进行各种频率统计和内容分析。全文检索主要用自然语言表达检索主题，较适用于某些参考价值大的典据性文献，如各种法律、法规、条约、文化典籍、文学名著等。全文检索是当前计算机情报检索的发展方向之一。

与全文检索相比较，书目检索产生较早，发展比较充分。国内外许多文摘、索引、藏书目录、联合目录已转变为机读形式，为书目检索的自动化提供了条件。例如，查找某一课题、某一著者、某一地域、某一机构、某一事物的有关文献，以及这些文献的出处和收藏单位等信息，都属于书目检索的范畴。

2. 数据型信息检索

数据型信息检索就是将观察或实验得到的数据，经过筛选、分析、整理和鉴定，存储在某种载体上，然后采用适当的方法或手段从中找出符合用户所需的数据的过程。它具有数的性质，并以数值形式表示数据或客观存在的事实或事件，如临床实验室各种指标的正常值、各种医学统计的数值等。

3.事实型信息检索

事实型信息检索以某一客观事实为检索对象，检索结果主要是客观事实或为说明客观事实而提供的数据。这些数据往往需要进一步处理，才能得出与事实相应的结论，例如，改革开放以来上海市的经济实况、近五年在我国申请专利的境外公司的主要变化。其检索结果通常需要归纳多篇相关的文献和统计数据才能得出。事实型信息检索主要借助各种参考工具书及事实型数据库进行检索，有时还需利用文献检索系统。

（二）按检索手段划分

按检索手段进行划分，文献信息检索可分为手工检索和计算机检索。

1.手工检索

手工检索是人直接用手、眼、脑、查找印刷型文献的检索。其优点是直观、灵活，无须各种设备和上机费用。在查找某些信息时，手工检索仍然是一种非常有效的检索方式。但查找较复杂、较大课题的资料信息时，手工检索费时费力、效率不高，有的甚至无从查找。手工检索最常见、最基本的方法是追溯法、工具法、混合交替法。

（1）手工检索的优势

①手工检索能按文献标引规则进行，检索者便于根据文献标引规则查阅相关文献。

②手工检索的回溯期长，可以提高查全率和查准率。

③手工检索灵活性高、费用低。

④手工检索便于检索策略的制定和修改，所得到的文献信息一般符合检索者的信息要求，而且手工检索过程中发现的问题可以及时地解决。

⑤手工检索过程中，直接查找信息的是人，在查找过程中，人的思维一直起着主导作用。检索者可以在检索过程中，结合检索的结果不断地明确自己的信息需求和修改自己的检索提问标识。检索提问标识与检索系统中文献特征标识的组配完全可以做到内容、概念和形式上的一致，而无须严格的字面组配。因此，检索到的文献信息一般符合检索者的信息要求。

⑥在载体内容的直观性方面，手工检索也优于计算机检索。利用手工检索工具，人们无须借助任何转换设备便可一目了然地判读具体文献的描述内容，也能够比较准确地了解其全部。

（2）手工检索的不足之处

①检索速度慢。要检索某一课题，利用手工检索科研人员一般需要几天甚至几个月，需要花费大量的时间和精力。如果利用计算机进行检索，他们一般只需几小时甚至几分钟便可以完成。

②检索受时空的限制。首先，受图书馆开馆时间的限制，一般图书馆每天的开馆时间都是固定的，这样读者利用图书馆的时间就非常有限，读者要查阅某一课题的资料，只能在开馆时间内去，在开馆时间外，读者很难查到任何资料。其次，受空间地域的限制，科研人员检索某一课题的资料时，不可能走遍全国甚至全世界的所有图书馆。

③检索受馆藏资源的限制。任何一个图书馆都不可能把人类历史上所有学科的所有资料收藏全，科研人员要检索某一课题的资料，利用手工检索就要往返于多个图书馆之间。即便是这样，科研人员也不可能查全所有的资料。

④更新周期长。图书、期刊资料从印刷到图书馆的采购、加工、上架、流通，一般需要两三个月，甚至半年或一年的时间，由于图书、期刊资料更新周期长，因而读者获得的信息资料的新颖性和时效性大大降低。

⑤检索途径少。手工检索只提供目录、文摘、引文、主题、作者等一般信息，而计算机检索除提供以上信息外，还提供关键词、基金、机构、全文等多种信息。

2. 计算机检索

计算机检索是通过计算机对已经数字化的信息，按照设计好的程序进行查找和输出的过程。计算机检索按处理方式划分，可分为脱机检索和联机检索；按存储方式划分，可分为光盘检索和网络检索。计算机检索不仅大大提高了检索效率，而且拓展了信息检索的范围，丰富了信息检索的内容。

（1）计算机检索的优势

①检索速度快。由于计算机的运算速度快，其存储介质的存储信息量大，故检索速度快，计算机检索特别适合检索大规模课题的资料。手工检索需要数日甚至数周才能完成检索工作，计算机检索只需要数小时甚至几分钟就可以完成，大大地提高了文献信息检索的速度，节约了读者的检索时间，提高了检索效率。

②检索途径多。一般来说，计算机检索除具有手工检索中采用的途径外，还能进行多途径交叉检索，对于综合性课题资料的检索，其优势更加突出。手工检索文献信息的途径较少，一般只有分类检索、主题检索、著者检索等检索途径，而利用计算机检索文献信息除了手工检索文献信息的各种途径外，还有题名检索、关键词检索、全文检索等检索途径。

③更新周期短。手工检索的文献信息更新周期长，一般需要数月甚至半年，利用计算机检索的文献信息更新周期较短，光盘一般每月更新一次，网络则每天更新一次。

④检索范围大。手工检索由于书本式检索工具的限制，在文献量、时间区间、学科种类、地域范围和语种等方面都是相当有限的。而计算机检索则不然，由于计算机的运算速度高、数据库存储量大，特别是对于计算机国际联机检索来讲，计算机技术、通信技术和高密度存储技术的发展与应用，使得计算机检索具备了时效性、完整性、广泛性和准确性的特点，能在短时间内检索世界范围内的有关文献信息资料，真正实现了人类知识的共享。手工检索文献信息的最大缺点是受时间和空间，以及当地资源量、用户量的限制，而计算机文献信息检索彻底打破了以上限制，用户可以在任何时间、任何地方，通过网络检索共享服务器上的数据库。

⑤特性检索功能强。尽管计算机不能代替人的大脑，但它能够帮助检索者查找题名、文摘等中包含某一特定检索词的资料，还可以根据检索者的需要打印信息资料。

⑥服务方式多。计算机文献信息检索能够提供回溯性检索服务、定题服务和联机订购服务，这使得计算机检索得以迅速发展和广泛应用。

⑦检索方便灵活。用户可以用逻辑组配符将多个检索词组配起来进行检索，也可以用通配符、截词符等进行模糊检索和组合检索。

⑧检索结果可以直接输出。用户可以选择性打印、存盘或通过电子邮件发送检索结果，有的还可以在线直接订购原文。

⑨原版全文显示。利用计算机检索文献信息，无论是光盘数据库还是网络数据库，其检索到的文献信息都是原版全文显示，而且检索界面也非常友好。

⑩学科覆盖范围广。无论是光盘数据库还是网络数据库，其信息资源的学科覆盖范围都比较广泛，不仅涵盖了经济、政治、法律、教育、社会科学等领域，还涵盖了医药、卫生、农业、电子技术、信息科学、数理科学等领域。

（2）计算机检索的劣势

①投资大、检索费用高。

②回溯文献少。无论是光盘数据库还是网络数据库，其文献的回溯期都不长。

③读者需要一定的计算机水平和图书馆学方面的知识。利用计算机检索文献信息的读者，必须掌握一定的计算机知识，能熟练地运用计算机，了解计算机检索文献信息的检索界面，掌握检索策略。不仅如此，读者还应具备相应的图书馆

学方面的知识，对主题检索、关键词检索、机构检索、题名检索等一般的检索途径都要有所了解。

（三）按检索要求划分

按检索要求来划分，文献信息检索可分为相关性检索和确定性检索两种。

①相关性检索是系统不直接回答用户所提出的技术问题，而是只提供与之相关的文献。例如，某用户检索垃圾处理方面的资料，就属于相关性检索。

②确定性检索是以数据或事实为检索对象的检索，系统要直接回答用户提出的技术问题，即直接提供给用户需要的确切的数据或事实。

（四）按组织方式划分

1. 全文检索

全文检索是将存储于数据库中的整本书、整篇文章中的任意内容查找出来的检索。它可以根据需要获得全文中有关章、节、段、句、词等的信息，也可以进行各种统计和分析。

2. 超文本检索

超文本检索是对每个结点中所存信息以及信息链构成的网络中信息的检索。它强调中心结点之间的语义连接，靠系统提供的复杂工具进行节点展示，提供浏览式查询，可以进行跨库检索。

3. 超媒体检索

超媒体检索是对存储的文本、图像、声音等多种媒体信息的检索。它与超文本检索一样，可以提供浏览式查询和跨库检索。

五、文献信息检索的意义

（一）避免重复研究或走弯路

科学技术的发展具有连续性和继承性，闭门造车只会重复别人的劳动或者走弯路。科学研究最忌讳无意义的重复，因为这是不必要的浪费。在研究工作中，任何一个课题从选题、试验直到出成果，每一个环节都离不开信息。研究人员在选题开始就必须进行信息检索，了解别人在该项目上已经做了哪些工作，哪些工作目前正在做，谁在做，进展情况如何等。这样，研究人员就可以在他人研究的基础上进行再创造，从而避免重复研究，少走或不走弯路。

（二）节省研究人员的时间

科学技术的迅猛发展加快了信息的增长，加重了信息用户搜集信息的负担。许多研究人员在承接某个课题之后，也意识到应该查找资料，但是他们以为整天泡在图书馆"普查"一次信息就是文献信息检索，结果浪费了许多时间，而有价值的信息没有查到几篇，查全率非常低。文献信息检索是研究工作的基础和必要环节，成功的文献信息检索无疑会节省研究人员的大量时间，使其能拥有更多的时间和精力进行科学研究。

（三）获取新知识的捷径

传统教育培养的知识型人才已满足不了市场经济的需求，新形势要求培养的是能力型和创造型人才，具备这些能力的人才首先需要具备自学能力和独立的研究能力。大学生在校期间，已经掌握了一定的基础知识和专业知识，但是，"授人以鱼"只能让其享用一时。如果他们掌握了信息检索的方法他们便可以无师自通，从而找到一条吸收和利用大量新知识的捷径，把自己引导到更广阔的知识领域中去，对未知世界进行探索。

德国柏林图书馆门前有这样一段话："这里是知识的宝库，你若掌握了它的钥匙，这里的全部知识都是属于你的。"这里所说的"钥匙"就是文献信息检索的方法。

六、文献信息检索的方法

文献信息检索方法即查找文献信息的方法，它与检索课题的性质和检索要求有关。掌握文献信息检索方法，目的在于寻求一种省时、准确、有效的检索途径。在实践中，人们总结出了以下几种常用的检索方法。

（一）常用法

常用法又称工具法，就是直接利用书目、索引、文摘等检索工具查找文献信息的一种方法。使用常用法，需要明确检索课题的学科内容和检索范围，熟悉各类型检索工具的收录范围与使用方法，从中选择合适的检索工具。常用法的具体操作，又可分为顺查、倒查和抽查三种方式。

1. 顺查法

顺查法是一种依照时间顺序，按照检索课题涉及的起始年代，由远及近地查找信息的方法。顺查法的优点是所查得的文献较为系统全面，基本上可反映某学科专业或某课题发展的全貌，查全率较高，特别适合检索范围较大、所需时间较长的复杂课题的资料检索，或专题文献的普查；缺点是涉及文献年代久远、检索工作量大、费时费力、效率不高。

2. 倒查法

倒查法是一种依照时间顺序由近及远地进行查找，直到满足信息检索的需要为止的一种查找方法。此法多用于检索新课题或有新内容的老课题，以及用于对某课题研究已有一定基础，需要了解其最新研究动态的课题的检索。其优点在于可以最快地获得新信息，而新信息中往往又包含着原有研究成果的精华，检索者可同时了解检索课题的发展状况和最新观点。在检索中，检索者还可以根据所获资料的完备程度随时中止检索。该方法灵活高效、能够节约时间，可以保证文献信息的新颖性，但检索不够全面系统，有可能遗漏重要的文献。

3. 抽查法

抽查法是针对检索课题的特点，选择与该课题有关的文献信息最可能出现或最多出现的时间段，进行重点检索的方法。它是一种花费较少时间获得较多文献的检索方法。但此法必须以熟悉学科发展为前提，否则很难达到预想的效果。

（二）引文法

引文法是利用文献之间的引用关系查找相关文献的方法，包括追溯法和引文索引法两种。

1. 追溯法

追溯法是以现有文献后附的参考文献或引用文献为线索，由近及远地逐一追溯查找相关文献的方法。追溯法往往在缺乏检索工具，同时又拥有丰富的原始文献的情况下使用。在实际的操作中，人们可以从已掌握的一种文献入手，按照文后参考文献中提供的题名、作者、出版情况或刊名、年、期等信息，查找所需的参考文献的原文，再根据这些参考文献的原文，继续查找它们所引用的文献，如此反复，即可获得大量的有关文献信息。

这种方法的缺点是，作者引用的参考文献往往有限，且多与作者观点相同。同时，追溯的年代越远，所获取的文献越陈旧，故检索结果系统性差，漏检、误检率都高。在缺乏检索工具时，追溯法便成为常用的检索方法。在拥有较多检索工具时，也可用此种方法进行必要的补充检索。

2. 引文索引法

引文索引法是从被引论文开始查找引用它的全部论文的一种检索方法。这种方法是人们通过了解先期文献被后来文献引用的情况，来了解文献之间的相关性及先前文献对当前文献的影响力。检索者从被引用的文献入手，查到引用它的文献，再把查出的文献作为被引用文献，查找引用它们的文献，如此反复操作，即可获得大量的有关文献信息。

追溯法是向前回溯检索，所查文献会越来越旧；而引文索引法则是向后追踪检索，查找获得的文献会越来越新。

（三）循环法

循环法又称综合法、交替法或分段法，是交替使用常用法和追溯法来查找文献的一种检索方法。在查找文献信息时，一般先用常用法，即利用检索工具查出一批文献资料，然后选择出与检索课题相关性较强的文献，再利用这些文献所附的参考文献追溯查找。如此交替、循环使用常用法和追溯法，不断扩大检索范围，直到满足检索要求为止。这种方法的好处是综合了常用法和追溯法的优点，弥补了检索工具不完善或收藏不全的缺陷，使检索者能够最大限度地获得所需的文献信息。

（四）浏览法

浏览法比较适合查找新近发表的还未被各检索工具收录的文献，是通过浏览的方式查阅文献原文而获取所需文献信息的方法。一般来说，浏览法只能浏览本馆馆藏文献，资料的全面性和系统性受到很大的限制，因而具有很大的局限性，不能作为查阅文献的主要方法。

以上四种检索方法各具特色。在实际检索中，检索者可根据检索的要求和所具备的条件灵活选用，以便达到更好的检索效果。

第二节　图书馆文献信息检索的语言

一、信息检索语言的定义

信息检索语言又称为标引语言、索引语言、文献储存与检索语言，是根据检索的需要而创造的，是信息检索系统存储和检索信息时共同使用的一种约定性的语言。使用这种语言能够实现信息存储和检索的一致性，提高检索效率。

语言是人类最重要的交流工具，人与人之间的沟通必须借助语言来实现。在储存信息与检索信息的过程中，涉及的人不是很多，信息存储和检索采用共同的语言，可使文献标识与信息提问的对比顺利进行，因此使用信息检索语言有助于检索工作的开展。

目前，世界上共有数千种检索语言，包括《中国图书馆分类法》《国际十进分类法》《杜威十进分类法》等。这些信息检索语言中，凡是用来标引文献资料的分类号或用来查找文献的检索词，都是该种信息检索语言的语词。

二、图书馆文献信息检索语言的特点

①具有必要的语义和语法规则，能准确地表达各学科领域中的任何标引、中心内容和主题。

②具有表达概念的唯一性，即同一概念不允许有多种表达方式，不能模棱两可。

③具有检索标识和提问特征进行比较和识别的方便性。

④既适用于手工检索系统，又适用于计算机检索系统。

三、图书馆文献信息检索语言的类型

信息检索语言是适应信息检索的需要，并为信息检索特设的专门语言。信息检索语言是人与检索系统对话的基础，它使文献的标引者和检索者取得共同理解，从而实现检索。信息检索语言的使用是检索技能的一个重要方面。

信息检索语言根据划分标准的不同可划分为不同的类型：按文献的有关特征可划分为内容特征语言和外表特征语言；按构成原理可划分为分类语言和主题语言；按适用范围可划分为综合性语言、专业性语言和多学科语言；按标识形式可划分为先组式语言和后组式语言。其中分类语言和主题语言是最常用的信息检索语言。

（一）分类语言

分类语言是按学科范畴和知识之间的相互关系列出类目，并用数字、英文字母对类目进行标识的一种检索语言。它集中反映了学科之间的系统性及学科与学科之间的相关、从属、派生关系。

这种检索语言体系是从大类到小类，从总体到局部，层层展开形成分类体系的。类目号码及名称构成分类类目表，其在情报检索中作为检索语言。分类语言可分为等级体系分类语言和组配分类语言，目前普遍使用的是等级体系分类语言。

（二）主题语言

主题语言是直接以代表文献内容主题概念的标识作为检索标识，并按其字顺组织起来的一种检索语言。它弥补了按学科分类方法的不足，使分散在各个学科领域里的有关课题的信息按字顺集中于同一主题，使用时就如同查字典一样按字顺找到所需的主题词，在该词下，列出了反映该主题内容的有关信息。根据词语的选词原则、组配方式、规范方法，主题语言可分为标题词语言、关键词语言、单元词语言和叙词语言。

标题词语言是以标题词（规范的事物名称、名词术语）作为文献内容标识和检索依据的一种主题语言，是最早出现的一种按标题来标引和检索文献的传统检索语言。标题词语言是来自自然语言中比较定型的事物的名称，经过规范化处理能表达文献主题内容的词、词组或短语。标题词按字顺排列，词间语义关系用参照系统显示，以标题词表的形式体现。

关键词语言是直接从原文的标题、摘要或全文中抽选出来，具有实质意义的、未经规范处理的自然语言词汇，是作为信息存储和检索的依据的一种检索语言。关键词不受词表限制，能准确反映新事物、新概念，目前关键词语言已被广泛地运用于手工检索和计算机检索系统中。

单元词是一种最基本的、不能再分的单元词语，也称元词，也是从文献内容中抽出，并经过规范化处理，代表一个独立事物的概念。单元词具有良好的组配功能，用户在检索时可以将某些单元词组配起来代表某一特定概念，因此这种语言属于后组式主题语言。

叙词语言是主题语言的最高级形式，其基本成分是叙词。叙词是从文献内容中抽选出来的、从概念上不可再分的词汇。用户检索时利用这些叙词进行组配，以表达一个复杂的概念。叙词语言适用于计算机检索和手工检索，是目前应用较广的一种语言。叙词语言是一种规范化、后组式的主题语言。

四、图书馆文献信息检索的语言要求

信息检索语言的质量对文献信息检索效率有着重大影响。在实际的信息检索过程中，要保证文献信息检索的实施达到满意的效果，就要对信息检索语言提出一些共同的基本要求。

（一）检索效率高

较高的查全率和查准率，并使漏检率和误检率控制在允许的范围之内是任何一种信息检索语言必须达到的基本要求。

（二）标识范围广

信息检索语言使用的标识越多，就越能准确地概括信息的外部特征和内部特征，进而从不同方面、不同途径、不同层次满足检索的要求。

（三）操作使用简单

检索语言必须易于标引和检索。保证"易标""易检"的方法：语词或代表符号的含义必须明确而不能含混不清；语言内容要丰富，覆盖面要广，使人们遇到的文献信息都能有类可归，有号可用；标识应具有可观性，从而使标引人员和检索人员易于识别和理解；查词、查号手段要多样，这样标引人员和检索人员从各个角度都能方便地查到所需的信息。

（四）兼容性强

每一种信息检索语言都有自己的特点，人们不应忽视检索语言之间的交叉使用，这就要求各种信息检索语言要有兼容性。信息检索语言不仅要适应当前信息检索自动化和网络化的发展趋势，更要向国际标准靠拢，以求具有更大范围的兼容性。

（五）通用性强

信息检索语言不仅应该能适应传统检索设备，还应该能适应非传统检索设备。传统检索设备通常指普通卡片式目录、书本式目录。非传统检索设备通常指机械式检索系统、充电式检索系统、电子计算机检索系统等。每种检索方式、检索设备都有一定优缺点和适用范围。好的信息检索语言应能适应多种检索方式和检索设备，从而发挥更大的效力。

第三节　图书馆文献信息检索的工具

一、图书馆文献信息检索工具的概念

从广义上讲，文献信息检索工具指的是根据一定的社会需要，将某一方面的知识材料，以特定的方法编排组织，专供人们用来检索文献信息资料的工具书、电子数据库或设备。工具书主要指以纸张为载体的、传统的印刷型检索工具，电子数据库或设备主要指非印刷型载体，如网络检索中的各种文献数据库等。文献信息检索工具是文献信息服务人员对一次文献加工整理后编制成的二次文献、三次文献或全文文献，是人们借以鸟瞰科技发展概貌及本学科发展状况的重要工具。学会利用检索工具查找文献信息，就犹如在茫茫大海中航行有了指南针一样，人们能把握方向，不走弯路，用较少的时间，取得最佳效果。

文献信息检索工具一般包括传统检索工具和网络信息检索工具。传统检索工具包括检索工具书和参考工具书，检索工具书包括目录、题录、索引、文摘、引文等，主要提供文献线索；参考工具书主要包括字典、词典、百科全书、证书、年鉴、手册、名录、图录等，主要提供基本知识。网络信息检索工具主要有搜索引擎、学科导航和信息共享空间等。

二、图书馆文献信息检索工具的特点

（一）知识高度密集，表述精炼准确

普通的图书或其他知识载体虽然也有存储一定知识和有用信息的功能，但是其存储量和存储密度远不及检索工具。越是高质量的检索工具，对文献资料的收集越是广泛而全面。然而，它又不是不分良莠地杂陈堆砌，而是根据文献的价值，从自身的特点及学科的需要出发，进行必要的筛选，并以精炼、准确的语言，简明扼要地叙述，使文献信息资料具有极强的概括力，既丰富又有价值。

（二）编排先进科学，检索方便迅速

从编排的目的来说，检索工具并不是供人们学习之用，而是专供检索之用。为此，检索工具不像普通图书那样分章分节地编排，而是采用一些特殊的编排方法，使信息源条理化、体系化，并提供一定的检索手段，使读者能够迅速快捷地从中检索所需的文献或文献线索。除了内容的思想性、知识性、资料性等，科学合理的编排方法和完善便利的检索手段，将使检索工具具有更高的使用价值。

三、图书馆文献信息检索工具的分类

文献信息检索工具具有存储和检索两方面的职能。一方面，人们利用文献信息检索工具把有关文献的特征著录下来，使它们成为一条条的文献线索，并将它们系列化，这就是文献的存储过程；另一方面，文献信息检索工具提供一定的检索手段，使人们按照一定的检索方法查出所需的文献线索，这就是文献的检索过程。

（一）按出版形式划分

1. 期刊式检索工具

期刊式检索工具具有科技期刊出版特点，有统一的名称，以年卷为单位，定期连续刊载。这种工具报道各种原始文献的线索，使用范围广，可用来掌握当前科技文献情况。而且报道时间与文献发表日期保持相应的并行关系，使科技人员能及时了解当前科技发展的最新动向。它具有连贯性，能不断地积累文献资料，提供多种检索途径，使科技人员能方便地检索前期的文献资料。它具有及时、连续、系统、完整、全面、方便等检索特点，是主要的检索工具形式。

2. 单卷式检索工具

单卷式检索工具一般以图书形式发行，以一定专题为内容，累积报道有关该专题的文献，并以特定范围的读者作为使用对象，有单册和不定期连续出版两种。由于针对某一特定专题，因此收录的文献比较全面，并适合专业研究的需要，使用价值也比较高。

3. 附录式检索工具

附录式检索工具不单独出版，分别附录于图书、期刊式文章之末，或附在文章间的索引参考项目中，分别称为书附文献志、刊附文献志和篇附文献志。其特点是专业性强，引用的参考文献与文章的中心内容密切相关，而且是从大量的文献中精选出来的，引用的文献质量比较高，具有重要的参考价值。

4. 卡片式检索工具

卡片式检索工具是最常见的一种检索工具，它相当于把期刊式检索工具的每一条款目印在或写在卡片上，然后按卡片上规定的分类号和主题词等逐片排列成套，新卡片可随时插入。缺点是体积大，相互参见卡数量较多，不能随身携带，排片时间多，查阅较麻烦，易乱易失，不易管理。

（二）按收录范围划分

按收录范围划分，文献信息检索工具可分为以下三个：综合性检索工具、专业性检索工具和专题性检索工具。

1. 综合性检索工具

综合性检索工具是综合收录多种学科和多种专业内容的科技文献，文献的类型和语种也较多。例如，日本的《科学技术文献速报》、法国的《文献通报》。

2. 专业性检索工具

专业性检索工具是以某一专业的内容为主编制而成的检索工具，是适合科技人员检索的专指性的文献资料。例如，美国的《化学文摘》《数学评论》等。

3. 专题性检索工具

专题性检索工具只涉及一定专题的文献，以单卷形式不定期出版发行，表现为内容集中，学科研究针对性强。

（三）按文献来源划分

1. 单一性检索工具

单一性检索工具，存储的文献只有一类，如专利文献、科技报告、学位论文、会议文献等。它有助于鉴别资料的可靠程度和查找资料的来源。

2. 全面性检索工具

全面性检索工具收录两种或两种以上类型的文献。使用者查找时只需找出自己所需要的内容即可，而不用管这些内容记录于哪些文献。

（四）按检索方法划分

按检索方法划分，目前主要有手工检索工具和计算机检索工具两种。手工检索工具主要是依靠人力进行检索的工具，如目录、索引、题录、文摘等。这些检索工具历史悠久，故称为传统检索工具。计算机检索工具是近几十年才发展起来的检索工具。手工检索具有成本低的优点。计算机检索具有检索速度快等特点。

（五）按著录方式划分

1. 目录

目录以单位出版物为著录对象，可揭示出版物的外部特征，如国家书目、出版社与书店目录、联合目录、馆藏目录等。其著录内容包括书名、编者、出版地、出版单位、定价、开本等。

2. 题录

题录是在目录的基础上发展起来的。它与目录的主要不同之处在于著录的对象不同。目录著录的对象是单位出版物，而题录的著录对象是单篇文献，所以题录检索功能比目录的强。

题录的著录内容是篇名、文献来源和语种等。题录无内容摘要，因此标题就是检索者判断文献内容是否合乎需要的唯一依据。

题录型检索工具又可分为报道性的和检索性的两种。报道性的具有出版周期短、报道速度快的特点。它主要的作用是向读者快速报道新文献。检索性的往往是一些大型的和比较正规的检索工具，它的特点是加工精细、收录全面、检索手段齐全。它可以作为读者及时了解新文献的工具，但它的主要功能是全面回溯检索。

3. 文摘

文摘是以简明、深入而正确地摘录文献内容要点，来报道文献的一种检索工具。文摘是系统报道、积累和检索科技文献的主要工具，是二次文献的核心，也是非常重要的检索工具。它使科技工作者以较少的时间与精力，掌握有关文献的内容概要。比较而言，文摘比题录多了一个内容摘要。

从现在情报的加工程序来看，情报有指导性文摘和指示性文摘两种。指导性文摘用数百字揭示原文的论点，不但能帮助读者对原文进行取舍，而且它可以部分代替原文来阅读，所以它的检索价值比较高。指示性文摘只介绍原文讨论什么问题，仅为读者选择文摘提供线索。

文摘可以为科技人员检索资料节省时间。因为科技人员粗读一篇论文以判断其内容是否合乎需要，平均需要几分钟，而读文摘只需半分钟。文摘还可以帮助科技人员清除语言上的障碍。检索工具所收录的文献包括许多种语言，读者通过阅读文摘可以抓住该篇文献的内容要点，从而就可以决定是否需要索取原文，并请人翻译。

4. 索引

索引是将图书、期刊等中的一些重要的有检索价值的知识单元，如主题词、分类号、著者等根据需要一一摘录出来，并注明它们所在的页码和文献号，再按一定的顺序编排组织起来，构成检索的种种途径，这种检索工具就是索引。

索引与目录相比较，它们在本质上是一样的，都是传递文献信息、检索文献信息的工具，但索引在结构和功能上有自己的特点。其一，索引侧重揭示文献的内部特征，目录重在文献的宏观描述，对其外部特征进行详细而精确的描述，索引侧重文献的微观描述，对其内部的特定事项或单元知识进行具体而深入的描述，可从内容深度方面满足读者的要求。其二，索引的著录内容标明出处，款目有指引项，以指示具体标目所含文献信息在原文中的确切位置，这是索引区别于目录及其他检索工具的重要特征。其三，索引著录范围广，信息量大。目录的著录对象主要是图书的外部特征，而索引的著录范围涉及书、报刊等各类文献的各种信息，包含较丰富的信息。

索引的出版数量大，种类繁多且各具特色。按文献外部特征编制的索引，有书刊篇名索引、著者索引、文献序号索引等；按文献内容特征编制的索引，有主题索引、分类索引、关键词索引等；按索引所反映和揭示的文献类型划分，有图书索引、期刊索引、专利索引等；按标引语言划分，有主题索引、著者索引、分类索引、号码索引等。下面着重介绍几种常用索引。

（1）主题索引

将文献中具有实质意义的词语或能揭示文献主题概念的词语抽出来，经过规范化处理之后，再按字顺排列起来组成标识系统，或者在各主题词下面给出副标题词、文献出处，或者在各主题词下面给出篇名型的说明语或关键词型的说明语，再在说明语后面列出文摘号。这种索引称为主题索引，主题索引为检索者提供从研究课题的主题概念出发查找文献线索的途径。

（2）著者索引

文献的著者姓名按字顺排序，在著者姓名后面列出文摘号，这种索引称为著者索引。著者包括个人著者、团体著者、专利发明人、专利权人等，因此，著者索引也就包括个人著者索引、团体著者索引、专利发明人索引和专利权人索引等。著者索引为检索者提供从已知著者姓名入手查找文献线索的途径和方法。

（3）分类索引

将文献内容所属的分类号按隶属关系排列起来，并列出与分类号相应的分类名，以这种方式编制的索引称为分类索引。它是以科学体系分类为基础，按照一定的原则结合文献的特点，采用概念划分方法将文献组成具有展开隶属关系的索引体系。分类索引为检索者提供从学科分类角度查找文献线索的途径，利用分类索引时检索者需先熟悉和了解该索引的分类方法，这样才能取得较好的检索效果。

四、图书馆文献信息检索工具的结构

文献信息检索工具的结构指其内容安排的框架层次。这里的结构主要指检索工具和参考工具的结构，网络信息检索工具是近些年出现的事物，具有灵活多变的特点，不一定都有固定的结构，所以这里的结构主要是针对传统的文献检索工具所说的。传统的各类文献检索工具在编排上虽然各具特色、形式多样，但其基本结构还是一致的。一般主要包括以下几个部分。

（一）序、跋

序，也称序言、前言等；跋，也称后记。序与跋，分别位于正文的前后，有的是编著者自己所写，主要用来说明编写宗旨和过程、辑录材料的范围和时限、编写体例、使用对象、作者情况等等；也有的是他人所写，多为介绍和评论本书内容的文字。借助序、跋，读者可以对工具书有一个初步的了解。

（二）凡例

凡例也称例言、编例、使用说明等。它主要用来介绍书的编排体例和检索方法等，人们在使用工具书之前应该认真地阅读凡例，正确掌握工具书的使用方法。

（三）目录

目录也称目次、检词表、词目表等。有的工具书在目录中列出正文的全部条目，有的则仅列出正文的类目。目录是人们利用检索工具的入门钥匙。

（四）正文

正文是检索工具的主体，是读者查阅的具体对象。

（五）辅助索引

辅助索引是为提供文献检索的多种途径而编制的索引。它的编排方法与正文的编排方法不同，为了检索的便利，有时采用多种不同的编排方法。辅助索引是否完善，是评价该检索工具功能是否完善的一个标准。

（六）附录

附录是附在正文后面、与正文有关的参考资料，通常包括常用图表、参考书目、相关数据公式等。附录是检索工具的有机组成部分，对正文的内容起到补充的作用。

第四节　图书馆文献信息检索的技术

一、图书馆文献信息检索的途径

（一）分类途径

分类途径是按学科分类体系查找文献信息的途径，主要有分类目录和分类索引。它以学科概念的上、下、左、右关系来反映事物的派生、隶属、平行、交叉关系，能够较好地满足检索者的检索要求。检索者所需文献信息范围较广时，应选用分类途径，这样可以比较准确地检索课题相关领域的资料。

（二）主题途径

主题途径是利用文献的主题内容进行检索的途径，即利用从自然语言中抽象出来的或经过人工规范化的、能够代表文献内容的标引词来检索。它打破了按学科分类的束缚，使分散在各个学科领域里的有关同一课题的文献集中于同一主题。其最大的优点是把相同性质的事物集中于一处，使用户在检索时便于选取，而且将同类事物集中在一起的方法符合人们的工作和生活习惯，直接而准确。当课题所需文献范围窄而具体时，人们可选用特性检索功能较强的主题途径进行检索。

（三）题名途径

题名途径是根据已知的书名、刊名或篇名查找文献信息的途径。主要有书名目录、篇名索引、刊名索引等。按题名排列文献信息是我国书目索引的传统特色，既简单易行，又符合一般用户检索文献信息的习惯。但有的题名冗长，有的题名类同或相似，容易造成误检。

（四）著者途径

著者途径是根据已知著者（个人及团体著者）的姓名字顺查找文献信息的途径。通过它可以检索到某一著者被某个检索工具报道的所有文献，如著者索引、著者目录等。国内的检索工具有的无著者索引，即使有也常常是辅助检索途径。国外的检索工具对著者的信息报道非常重视，许多文摘和题录都把著者索引作为最基本的索引之一。某些领域的知名学者或专家的文章一般代表了该领域的最新水平和动向，通过著者线索，检索者可以查寻某著者的最新论著，从而掌握他们的研究进展情况。使用著者途径进行检索既快速又方便，但查得的文献缺乏系统性和完整性。

（五）文献代码途径

文献代码途径是利用已知文献信息的专用代码查找文献的途径。文献信息代码主要有国际标准书号（ISBN）、国际标准连续出版物编号（ISSN）、专利号、文摘号、合同号、入藏号等，它们是一些文献类型的特有标识。使用这种途径进行检索多见于查找专利文献、科技报告、标准等。

（六）引文途径

引文途径指从被引文献去检索查找引用文献的一种检索途径。在出版或发表的文献中一般都附有参考文献或引用文献，这是文献出版、发表的重要特征之一。利用引文而编制的索引系统称为引文索引系统。美国是最早建立引文索引系统的国家，美国的《科学引文索引》就是引文检索的典型代表。

二、图书馆文献信息检索常用技术

计算机信息检索过程实际上是将检索提问词与文献记录标引词进行对比匹配的过程。为了提高检索效率，计算机检索系统常采用一些运算方法，从概念相关性、位置相关性等方面对检索提问进行技术处理。下面介绍几种常用的检索技术。

（一）布尔逻辑检索

在实际检索中，检索提问涉及的概念往往不止一个，而同一个概念又往往涉及多个同义词或相关词。为了正确地表达检索提问，系统采用布尔逻辑运算符将不同的检索词组配起来，使一些具有简单概念的检索单元通过组配成为一个具有复杂概念的检索式，用以准确表达用户的信息检索要求。常用的逻辑运算符主要有以下几种。

1. 逻辑"与"

逻辑"与"（用"AND"或"*"表示）是一种用于交叉概念或具有限定关系的组配。这种组配可以缩小检索范围，有利于提高检索的专指性。

2. 逻辑"或"

逻辑"或"（用"OR"或"+"表示）是一种用于具有并列概念关系的组配，

它可以扩大检索范围，提高查全率。例如，检索含有检索项 A 或检索项 B 的文献，可表示为"AORB"或"A+B"。检索结果是将含有检索项 A 的文献集合与含有检索项 B 的文献集合相加，形成一个新的集合。

3.逻辑"非"

逻辑"非"（用"NOT"或"-"表示）是用于从某一检索范围中排除不需要的概念的组配。这种组配可以缩小检索范围。

（二）位置检索

位置检索也叫临近检索。文献记录中词语的相对次序或位置不同，所表达的意思可能不同，其表达的检索意图也不一样。布尔逻辑运算符有时难以表达某些检索精确的提问要求。字段限制检索虽能使检索结果在一定程度上进一步满足提问要求，但无法对检索词之间的相对位置进行限制。位置检索是用一些特定的算符（位置算符）来表达检索词与检索词之间的邻近关系，并且可以不依赖主题词表直接使用自由词进行检索的技术方法。

（三）截词检索

截词检索是计算机检索系统中应用非常普遍的一种技术。由于西文的构词特性，人们在检索中经常会遇到名词的单复数形式不一致的情况；同一个意思的词，英、美拼法不一致；词干加上不同性质的前缀和后缀就可以派生出许多意义相近的词等。为了保证查全，就需要在检索式中加上这些具有各种变化形式的相关意义的检索词，这样就会出现检索式过于冗长、输入检索词的时间太久等问题。截词检索就是为了解决这些问题而设计的，它既可保证不漏检，又可节约输入检索式的时间。

所谓截词，就是在检索词的适当位置截断，保留相同的部分，用相应的截词符代替可变化部分，计算机会将所有含有不变部分的记录检索出来。常用的截词符有"？""*""#""$"等，常用的截词法有前方截词、后方截词、中间截词等，不同的检索系统其截词符的表示形式和截词检索方式是不同的。

（四）字段限定检索

字段限定检索指限定检索词在数据库记录中的一个或几个字段范围内查找的一种检索方法。在检索系统中，数据库设置的可供检索的字段通常有两种：表达文献主题内容特征的基本索引字段和表达文献外部特征的辅助索引字段。基本索引字段包括篇名、文摘、叙词、自由标引词四个字段；辅助索引字段包括除基本索引字段以外的所有字段，如著者字段、著者机构字段、文献类型字段、语种字段等。每个字段都有用两个字母表示的字段标识符（或称字段代码）。在多数检索系统中，如果用户不对检索式注明字段限制范围，系统会默认在四个基本字段中检索。

（五）短语检索

短语检索可以提高检索的精度和准确度，因而也有人称其为精确检索。

（六）自然语言检索

自然语言检索即直接采用自然语言中的字、词、句进行提问式检索，同一般口语一样。这种基于自然语言的检索方式又被称为智能检索，特别适合不太熟悉网络信息检索技术的人们。

（七）多语种检索

多语种检索为用户提供多种语言的检索环境，系统按用户选定的语种进行检索并反馈结果，支持多语种检索的，如天网、谷歌等。

（八）模糊检索

当用户输入一个检索词时，搜索引擎不仅反馈该关键词的网址，同时也发来与关键词意义相近的内容。例如，要查找"查询"一词时，模糊检索会反馈回包含"查询""查找""查一查""寻找""搜索"等内容的网址。反馈网址的排列，一般是完全符合关键词的在最前边，其次是相近的。现在大多数搜索引擎都有这种功能，只是模糊的程度不同。

三、图书馆文献信息检索效果评价

（一）检索效果评价概述

检索效果评价的研究起步于20世纪50年代中期，旨在评价计算机检索系统在检索服务中的总体效果。常用的评价指标有收录范围、查全率、查准率、响应时间、输出形式等。在通常情况下，衡量检索效果的好坏主要依靠"查全率"和"查准率"两个指标。我们将查找出来的切题文献称为相关文献，将查找出来的非切题文献称为非相关文献。根据一定的评价指标对文献检索所取得的成果进行客观、科学的评价，有利于进一步完善检索工作。

查全率指检出的相关文献数与库内相关文献总数之比，又称检全率或命中率。

查全率是由美国的佩里和肯特最先提出的，是衡量检索系统检出相关文献的能力的一项指标。可用下式表示：

查全率＝（检出的相关文献数／库内相关文献总数）×100％

查准率指检出的相关文献数与检出的文献总数之比，又称检准率或相关率，是衡量检索系统拒绝非相关文献的能力的一项指标。查准率必须与查全率结合使用，才能全面说明系统的效果。

（二）提高检索效果的措施

实践表明，查全率和查准率之间存在着一定的联系。如果查找时所用的检索语言的泛指性强，查出的文献多，则查全率将会提高，但误检率也会提高，使得查准率降低；如果检索语言的专指性强，则查准率将会提高，但查全率会降低。所以，衡量检索效果要同时考虑查全率和查准率。提高检索效果的主要措施包括以下几点。

①选择好检索系统。检索系统好比钥匙，是获取所需文献的必要手段，要选择适合检索课题需要的检索系统。

②准确使用检索语言。用户所使用的检索语言必须能准确地表达检索的要求，而且提问标识必须与检索系统中的标识一致。

③使用专指性强的检索语言，以提高查准率。

除上述措施外，用户还要善于利用各种辅助索引。检索工具中的辅助索引，为检索提供了多种查找途径，用户应根据自己的需要，选择相应的途径查找。

第五节　图书馆文献信息检索的步骤

一、分析研究检索课题

分析研究检索课题是整个检索过程的第一步，也是至关重要的一步，只有对所研究问题进行全面的调查分析，才能对检索需求和要达到的检索目标了然于心。在分析研究的基础上，要明确信息检索的目标和具体要求。主要包括以下几个方面。

（一）明确检索主题

在具体的课题分析中要准确地找出课题所涉及的主要内容和相关内容，从而形成主要概念和次要概念，同时要明确概念与概念之间的逻辑关系，以利于主题词的选取和检索词的确定。主题概念分析要做到以下几点。

1. 概念的表达要确切

检索者可以先进行主题切分，把研究主题切分成多个概念，并从中找出可以反映核心主题的概念词汇，再确定可以准确、全面表达主题实质内容的检索词，并去除重复概念和意义不大的概念。

2. 准确挖掘隐性主题

检索者分析课题时，不仅要对课题名称字面上涉及的主题概念进行拆分，更要分析出未在字面体现的隐性主题，掌握课题研究的实质内容。挖掘隐性主题可以利用工具书或相关学术资料了解课题背景知识；可以阅读已查到的文献，并从篇名、关键词、全文或参考文献中寻找隐性主题；也可以利用自己的知识储备与同行交流探讨，从中发现隐性主题。检索者应明确概念之间的关系，即明确已确定的主题概念之间是逻辑"与"、逻辑"或"还是逻辑"非"的关系。

（二）选择检索方式

检索方式有手工检索、计算机检索、联网联机检索等。不同的检索方式有各自的特点，检索者在检索时，应根据检索方式的特点以及课题的时间要求和经费条件等因素，综合考虑，选择合适的检索方式。

（三）确定检索的时间范围

每一项理论或技术都有其发生、发展和形成的过程。为避免浪费时间和精力，检索者检索时应根据研究课题的背景确定检索的时间范围，时刻关注相关学科的最新动态。

二、正确选择信息源

在分析研究课题的基础上，明确了检索目的和检索要求，便可选择最能满足检索需求的检索系统和检索工具。现有的检索系统或检索工具数量众多，类型多样，每个检索系统或检索工具的内容、性质和特点等都有一定的差异，因此，在明确检索任务和检索要求之后，检索者要据此选择那些文献类型全面、与检索需求匹配度最高的信息源。

通常在选择信息源时，需要考虑的因素包括以下几个方面。第一，在内容和时间上，检索数据库的收录内容和收录时间要能够覆盖检索课题。第二，在检索技术和手段上，要根据时间要求、设备情况及经费条件等来选择适合的检索系统和检索工具。一般有计算机检索系统的就不用手工检索，但若要查找最新或较久远的文献,而数据库尚未收录或没有质量较高的数据库可供检索,则可用手工检索工具。故多数情况下都是机检和手检相结合。第三,从文献的获取上来看,检索者应选择那些比较容易获取全文的信息源。对各类数据库和检索系统及检索工具的选择应做到去粗取精、去伪存真。信息源的选择可以参考相关的数据库指南、工具书指南和图书馆的读者指南等。

选择信息源应遵循以下原则:在满足当前信息需求的同时,考虑下一步的信息需求,并为之做必要准备;在强调准确性的基础上,兼顾相关性;在强调获取原文的基础上,兼顾文献线索的全面性;在全面掌握母语文献资源的基础上,兼顾外文文献。

三、制定检索策略

(一)确定检索词和检索途径

检索词的提炼与选取是否准确、全面、科学,将直接影响检索结果的准确性和全面性,故检索词的选取至关重要。目前,绝大多数检索工具都提供多种检索途径,如分类途径、主题途径、著者途径等,检索者应根据课题主题分析的结果确定最佳检索词和检索途径。

(二)构造检索式

检索式是计算机检索中用来表达检索提问的逻辑算式。构造检索式是制定检索策略的最后一步,也是非常关键的一步。因为即便确定好了检索途径和检索词,选定了信息源,如果检索式构造不合理,仍不能检索出想要的结果。检索式要根据研究课题的信息需求情况科学地构造。构造检索式时要注意检索词与检索字段的匹配,检索词之间逻辑关系的匹配,精确度的匹配,运算顺序和检索范围的设定,全文运算符与截词运算符的合理使用等。不同的检索系统或检索工具在具体检索中可能有细节上的差异,检索者在使用前需先了解清楚。

四、获取原文

获取原文是信息检索的最后一步,这一步看似简单,实非易事。手工检索中,在获取原文之前需先识别文献类型并将缩写刊名还原成全称。

(一)识别文献类型

检索工具著录文献条目时,一般不注明文献类型,检索者需要根据著录项自己进行识别,若不会识别,就无法找到原文。检索工具所收录的文献一般有图书、期刊、会议文献、科技报告、学位论文及专利文献等，文献类型均可从著录项中进行辨识，这对用户按不同的文献类型查找馆藏目录并获取全文有重要价值。不同类型的文献，其著录项如下。

①图书。图书的著录项一般有著者、书名、出版社、出版地、出版时间、图书总页数等。

②期刊。期刊的著录项一般包括刊名、年、卷（期）、页次等。有的期刊，尤其是外文期刊，刊名多用缩写形式，检索者需要将刊名还原成全称后再查找原文。

③会议文献。会议文献的著录项有会议名称、会议地址、会议时间等。

④科技报告。科技报告的著录项是报告号。

⑤学位论文。学位论文的著录项主要有学位名称、学位授予单位名称、学位授予时间等。

⑥专利文献。专利文献的著录项主要有国别代码、专利号和专利的法律状态。

（二）缩写刊名还原

国外的大部分检索工具，为节约篇幅，文献著录条目中的刊名一般都采用缩写形式。故检索者需先将缩写刊名还原成全称，这样才能索取原文。外文期刊名称可采用检索工具的"引用期刊一览表"之类的索引进行还原。对于非拉丁语系的日文期刊，需先用"引用期刊一览表"查出其全称刊名。

对于中文期刊在英文检索工具中既有按汉语拼音音译的，也有按英文意译的，检索者需注意勿将汉语拼音当作英文翻译。图书名称一般不缩写，不须转换，可直接根据出版项查询原文。会议录名称一般也用缩写，需用会议录专用索引还原全称，有的检索工具将其置于"引用期刊一览表"中。

在计算机检索系统中，如是全文库，则可直接获取全文；若是文摘或题录库，则可依据其题名和出处，在中国高校人文社会科学文献中心或其他科技文献信息服务机构查找全文收藏馆，进行文献传递，索取全文。

第三章 图书馆文献信息资源的采集

随着信息技术和图书馆的日益发展，人们对文化的需求不断上升。图书馆的职能是满足用户对文献信息资源的需求，这样图书馆就需要对大量文献信息资源进行采集。

第一节 图书馆纸质文献信息资源的采集

纸质文献在人类文明的历史长河中，扮演着重要的角色。对人类发展和进步做出了巨大的贡献。如今，虽然有数字信息资源，但纸质图书文献依然由于其阅读方便、便于人们研究和思考问题，具有完善的审核、编辑制度，在信息质量上有一定保证等特点，备受读者青睐，在信息资源配置中仍占有重要地位。21世纪，网络技术越来越深入人们生活的各个方面，纸质文献所具有的内容价值、历史价值和文化价值是不可替代的。

一、图书馆纸质文献信息资源的特征

（一）舒适性

纸质书采用的是传统的纸质印刷方式，人们阅读时不受辐射、有害光线等的干扰，其不会对阅读者的视力造成大的影响。章节和页码引领读者逐页逐章地阅读纸质书，有利于读者理解、思考和记忆。

（二）权威性

作为文化传承的载体，书本的产生由来已久。纸质书的运作系统伴随着文化的发展，已经非常完善，从编辑、印刷再到出版发行，这一系列的流程愈发成熟。在我们生活中随处可见的，如国家发布的文件、学生学习用的课本和练习册、人们经常阅读的报纸杂志，这些资料一般都是印刷型的。之所以纸质书受到大家的欢迎，就是因为它是我们学习、工作、生活最佳的帮手。

（三）批注方便

在阅读纸质书的时候，读者可以随意地在书籍上面进行批注，在有灵感和感悟的时候，读者可以随笔记下自己的想法。因此，对于喜欢思考研究的读者来说，阅读纸质书得到的收获比阅读电子书得到的要多得多，甚至出乎意料。一边阅读一边批注，不但能加深读者对书籍的印象，还能激发读者深层次地思考。

（四）具有收藏的价值与需要

纸质书本身的收藏价值在于历史价值和版本的考据意义。有的纸质书可能作为历史文物，记录了一个时代的文化取向和审美情趣，留下了历史在那个转瞬间的印记，因此具有非凡的科研和历史价值，尤其是那些流传数年甚至数千年的孤本和善本，更是难得的珍宝。纸质书是人类社会文明发展的见证。电子书虽然可以经常更新，但是对于经典的著作，具有珍藏价值的依然是各种有价值有意义的纸质书。

（五）便携性

纸质书的便携性使得读者在进行阅读时根本不需要借助其他任何阅读辅助设备。凡是有光的地方，读者就可以随时随地地进行阅读。基于这一特质，纸质书基本能满足读者的大部分阅读需要，受到读者的喜爱，在图书馆的馆藏建设中纸质书也起到了无法取代的决定性作用。

二、图书馆纸质文献信息资源采集的意义

作为专门收集、整理、保存、传播文献并提供利用的集科学、文化、教育和科研一体的机构，图书馆最基本的职能，是保存人类文化遗产、开发信息资源、丰富文化娱乐活动、参与社会教育等；图书馆最基本的工作，是收集、整理、典藏和服务，而这些工作中最基础、最核心的部分，则是纸质文献信息资源的采集。这项工作也是图书馆功能实现的前提。没有高质量的纸质文献，图书馆对读者就很难产生吸引力，没有读者，图书馆就难发挥应有的作用，很多职能变成空中楼阁。

三、图书馆纸质文献信息资源采集的方式

（一）书目采购

由图书的出版商、发行商或经销商向图书馆寄发书目，目前一般都是以电子

邮件的方式发给图书馆采购人员,他们进行初步筛选,然后进行查重工作,剔出重复的,剩下的就是要订购的。图书馆采购人员将初步订单送往文献信息资源建设指导小组审查,审查通过后把选中的图书下订单订购,将订单发给出版商或发行商,他们按预订的种数及复本数将图书送到图书馆,图书馆工作人员负责接收和验收工作。

书目采购的优点是选择性强、信息量大、选书效率高。但缺点是没有真正看到样书,图书馆使用的征订书目是由某些出版商或发行商提供的,其范围有一定的局限性。这样采购人员对书的内容就不容易把握,征订书目对图书学科内容的介绍在其学术性、实用性方面甚至有不实之处,容易蒙蔽采购人员。再就是书目采购的到书率不高。因为书目采购都是预订的,到底这本书是否已出版,或者存货是否还有,都是未知数。还有一种情况就是发行商对无利可图或赢利较少的图书不予配送,这也导致到书率不高,从而影响整体的采集任务。

(二)现场采购

现场采购简称现采,主要指采购工作者直接去书店或者是出版社购书,这种方式比较直观,能够在版本对比前提下,做出最优选择。但是这种方式同样存在缺陷,例如,采集费用比较高、采购时间长等。

现场采购一种是图书馆人员把本图书馆的数据输入采集器查重,然后直接把书从架上拿下,直接到出版商、发行商或馆配商的库存图书的书架上挑选,打包寄回图书馆;另一种是先采集数据,然后回到图书馆再进行查重工作,决定采购,形成订单,馆配商按单发货,这样做省去了筛选征订目录环节。

现采的优点是能直接看到样书、容易把控书的内容,可直接根据图书的内容进行鉴别而决定取舍,可降低误采率,到书率高。现采的缺点一方面是容易产生重购问题。现采一般都是用采集器来查重,查完重后把需要的书目交给出版商或馆配商,然后发给图书馆做最后的检查审定。图书馆审定通过后,再把书目发给出版商、发行商或馆配商,他们按书目将图书配给图书馆。从现采开始到图书到馆这一过程快则十几天,慢则一个多月,而此期间其他的订购工作照样进行,这样就有可能出现重购现象。另一方面是有可能想要的书采集不到,出现漏采现象。因为现采图书的品种是由供应商或馆配商组织的货源决定的,一些学术性较强、折扣高的专业图书,供应商不愿意提供,这就会造成图书馆需要但又采集不到,出现漏采现象。

图书到馆后就要进行验收工作,验收工作是检验订单与到书的吻合情况,同时对书的质量进行评估,一是看有无破损、污渍和装订问题,二是看是否为盗版图书,三是看书上标价与订单是否相符。如果发现有上述问题,应及时退回,以免给下面的编目工作带来麻烦。然后记录图书到馆情况,即给图书标上财产号码,并进行一系列的编目加工工作,再送入流通部门。采购人员最后进行报销和财产登记工作。

除了书目采购和现场采购两种主要形式外,还有一些其他的补充采购方式,如邮购、代购、征集、交换、捐赠等形式。

图书馆负责资源配置的人员应该是图书采购的主体,当然为了图书采购对读者更有针对性,还可以变换方式,采用集体采书的形式。集体采书的形式是图书馆召集相关学科的专家以及其他相关单位和部门的工作人员,参加书展或到大型图书市场采集图书。这样做的好处是减少了选书的盲目性,是民主选书的有益尝试。馆员和读者共同参与资源建设。为了做好集体采书工作,首先要求采购人员深入基层、深入读者,调查了解需求的第一手情况,通过一定组织程序创造性地开展工作,防止一哄而上的盲目选书的问题产生;其次是采购人员要多听学科专家的选书意见,积极做好书目推荐工作。图书馆可在显要位置设定读者意见箱或书刊推荐箱,广泛收集需求信息,听取读者意见。集体采书吸收了多方人员共同参与,这样就能集思广益,发挥集体的智慧,在一定程度上弥补了采购人员个人知识结构的不足,有益于文献信息资源建设工作的健康发展。

为了避免因个人的知识结构、学识水平所限而造成的图书选择的盲目和不准确,图书馆还可以通过科学的选书方法,纠正所选图书不适合本馆需要的问题,保证图书采集不偏离文献信息资源建设的正确轨道。图书馆可以采用选书函数模型和纲目购书两种应用方法。

1. 选书函数模型

选书函数模型就是从读者的需要、文献本身的价值、文献经费、馆藏特色等角度考虑,选择七个参数作为采选的参数,也是每一种图书的七个特征向量,主要包括学科分类、学术水平、信息活性、与馆藏的关系、作者、出版者、书价。把一批初步圈选的图书书目(范围应大于实际选择的图书范围)的特征向量输入模型,经过适当的运算后,模型的有关模块能输出本批待采购书接近理想藏书的排名,采购人员再根据经费情况、排名次序,最后确定选购的图书。

这种方法是依靠计算机利用图书模糊特征向量与图书隶属函数构建出图书采购函数模型,根据模型推导出采集图书的结果。因借用数学模型和计算机,得出的结果更具有科学性和客观性。

2.纲目购书

纲目购书起源于国外，美国在20世纪60年代最先使用，纲目购书就是由馆配商按图书馆事先提供的"购书纲目"主动推送有关新书给图书馆，图书馆再根据样书进行挑选，符合自己纲目要求的图书留下，不符合要求的图书退还。

纲目购书的关键是纲目的制定。制定一个切合实际的购书纲目是纲目购书实施的基础。制定购书纲目首先由书商提供主题词表，该主题词表分成三级或四级，并配上参照和注释。除主题词表外，还有若干个非主题参数作为参考，如图书版本、语种、国别、出版社、价格及学术水平等。图书馆根据自己的实际需要和读者对象，选择与自己有关的主题词和非主题词参数，作为选择图书的依据。然后馆配商将图书馆提供的购书纲目输入计算机，打印出来交给图书馆验证，图书馆确认后，购书纲目就基本确定了。纲目购书能否成功主要取决于馆配商的主题词编制是否适合图书馆读者的需求，当然图书馆按主题词表选定的主题词参数和非主题词参数是否恰当也很重要。

纲目购书的正确率较高，采集图书迅速及时；漏购率低，经济效益好；节省了人力物力。购书纲目是以核心藏书和满足读者要求为前提制定的，有利于图书馆建立核心藏书体系。当然，购书纲目的制定需要较大的成本，而且购书纲目还要不断地更新，以适应图书馆信息资源建设的发展。

第二节　图书馆数字文献信息资源的采集

数字文献信息资源就是一个文献信息机构通过多媒体或计算机等设备与技术，能够获取并被利用来为读者提供服务的文献信息资源的总和。数字文献信息资源是由电子文献信息资源、非电子文献信息资源（可以联机检索的馆藏文献信息资源）、数字化文献信息资源等构成的。

随着互联网技术的日益成熟，大数据和云计算逐渐被大众接受，数字文献信息资源的增长更是突飞猛进，采集各种数字文献信息资源已成为图书馆资源采购的主要方面。数字文献信息资源由于历史的因素，一般都比较贵，小型图书馆经费上无力承担。因此，解决数字文献信息资源的配置问题显得尤其重要。

一、图书馆数字文献信息资源的特征

（一）存储量大，体积小

不同于印刷型文献，电子型文献资源是以声、光、电磁为载体的。一张厚约为1毫米的光盘可以存储100万页16开由文字编码信息组成的资料，这大大节省了存储空间。

（二）阅读不便，利用率低

电子型文献资源必须借助计算机等硬件设备和相应的软件才能正常使用，而且随着光盘等电子型文献数量的增加，相应的硬件如光盘塔、磁盘阵列等也需要不断增加，这对条件较差的高校图书馆来说是一种制约，且数量增加后，检索量增加，检索烦琐，不利于读者利用。

二、图书馆数字文献信息资源的采集流程

图书馆数字文献信息资源采集一般指电子书、电子期刊和数据库的采集。无论是电子书还是电子期刊或数据库，都是由专门的出版社或数据库商进行商业开发的，他们向图书馆提出试用，经过一定的程序和流程，最后确定是否采集。

（一）调研与选择

1. 原则

首先要调查读者对数字资源的需求情况，如果目标读者很少，或者访问量很少，数据库的采购就要打一个问号。图书馆还必须根据学科设置、学科水平和重要程度综合考虑，必须保证学科利用数字资源的均衡，全面考查现有数据库对本校和本馆的知识支撑和科学帮助。数字资源除了具有传统文献资源的特点之外，还有其自身的特点，因此，在选择数字资源时，还要遵循以下原则。

（1）互补性原则

现在大多数图书馆在信息资源配置方面都是采取"P+E"的模式，就是既采集纸本资源如图书和期刊，也采集数字资源，二者统筹兼顾，根据这两种资源功能和特性的不同进行取舍，形成优势互补。如果纸质文献资源已有，就没有必要再配置数字资源，如《四库全书》已有纸质版，就没有必要再采购电子版。有的数据库涵盖了许多期刊，所以纸质版的期刊就可以少订或不订。某些纸质资源利用率特别高，而且在一些功能上数字资源还不能完全替代，图书馆就要既采集纸质资源，也采集数字资源。

（2）时效性原则

科技日新月异，特别是互联网技术的快速发展，促进了信息的交流与传播，而信息的可替代度越来越低，寿命越来越短，信息的时效性变得越来越重要。由于数字文献出版发行速度快，更新速度快，因此，数字文献的新颖性和创新性尤为重要。

（3）易得性原则

该原则要求数据库制作商的通道数据库必须做到用户界面友好，检索软件方便快捷，检索步骤一目了然。如果内容丰富、功能强大、检索方便，其将极大方便读者用户的使用，大大提高数据库的利用率。用户用最少的时间获得最多的信息应该是数字资源追求的目标，因此，易得性是图书馆购买数字文献非常重要的选择标准。

2. 标准

数字文献信息资源的选择必须有一定的评价标准，这些标准主要包括以下内容。

（1）评价数字资源的内容

数字资源的内容是选择与评价的核心和重点，内容的数量和质量反映了数字资源的本质。目前数字资源非常丰富，可供挑选的余地也比较大。以数据库为例，高校图书馆在配置数据库时，就必须根据本学校的实际需求和资金状况，合理均衡地选择数据库。在选择数据库时，不能忽视两个方面：一是数据库内容的时间跨度。二是数据库的内涵和外延。所谓内涵，就是数字文献内容所包含的学科主题应有一定的深度。所谓外延，就是应包含相关学科的主题。

（2）综合评价数字资源的利用率

一个数据库所包含的信息量要远远超过一本图书，它的价格自然也高得多。图书馆应当将数字文献的利用率作为一个重要的评价参考标准，以避免购买的数字资源不符合读者的需要，而造成资金浪费。对于数字资源来说，为了使采购的数字信息资源有较大的实用性，往往需要先试用。在试用期间，一方面要了解数字资源的质量与性能，另一方面要观察和统计读者对它的利用情况，统计用户的点击率，然后再根据试用情况决定是否购买。

（3）评价数字资源的类型

为了满足用户不同的需求，数据库制作商区分了不同的文献类型，如有事实型数据库、数值型数据库、检索型数据库、文摘型数据库、光盘数据库、网络全文数据库等。其中网络全文数据库是第一选择，受到用户的好评，其他类型的数据库对用户来说，根据需要，适当配置。

（4）评价数字资源出版商的信誉

一般来说，出版商的历史信誉是评价数字资源的依据。图书馆在选购数字资源时，应当考虑其出版机构的学术背景和出版信誉。如国内高校图书馆的外文数据库还是以英文数据库配置为主，一般来说英文数据库选择国际著名出版社或信息机构出版的数字资源较为稳妥。它们推出的数据库质量较高，具有一定的权威性，在国际上具有较高的知名度，也代表国际学术最高水准，从而深受用户和读者好评。

（二）试用与评价

数字文献信息资源是现代读者利用图书馆资源的主要形式。新媒体阅读时代如何根据读者新的阅读习惯、阅读方式为读者提供个性化文献信息服务，满足读者文献信息需求是现代图书馆面临的重要问题。

1. 试用

数字资源不同于纸本资源的特征就是其具有虚拟性，只有在使用数字资源的过程中才能感受到它的存在。图书馆一般要联系数据库商或者数据库代理商试用数据库。数据库商或数据库代理商同意试用后，图书馆要做好数据库试用的宣传和统计工作。宣传工作能让更多的用户获得数据库的试用消息，从而使得数据库试用统计能客观反映用户对数据库的欢迎程度，试用统计是用来评价数据库受欢迎程度和确定应用范围的手段，为是否购买某数据库决策提供参考依据。

2. 评估

数据库价格较贵，一般占图书馆采购经费的三分之一或一半以上，每一种数据库的配置必须慎之又慎。最简便易行的办法是委托高校图书馆数字资源采购联盟（DRAA）评价，在DRAA官网主页上有评价中心，评价中心根据数据库评价指标进行客观评价，还有用户的使用反馈。这些都可以作为评价依据，当然更重要的是本馆用户的使用情况和反馈。图书馆要对数据库进行分析、评价，评价一般应从如下几个方面考虑。

（1）资源收录内容

数据库配置得是否合适、最重要的是内容是否合适，要做到内容符合用户需求，必须把握好以下几点。

①学科范围界定。图书馆应紧紧围绕保证重点学科，兼顾一般学科的配置思想，充分了解数据库所覆盖的学科范围，根据数据库的类型进行界定取舍。

②数据库规模大小。图书馆应考查数据库包含的数据量大小是否适合用户需求。

③数据库信息加工。未经过加工的完全全文数据库最受欢迎，当然二次文献和事实型数据库也应适当配置。

④收录年限。收录年限指数据库建库收录资源的起始时间到购买前，图书馆通过收录年限可以看出数据库的收藏量。

⑤资源重复状况。图书采购需要查重，数字资源也不例外，目前数据库的数量比较多，如果数据库产品差异化不大，它们也就存在内容重复的可能，因此在配置数字资源的过程中，特别是在试用过程中必须和已经配置的数据库进行对比，避免采购内容重复的数据库。

（2）数据库检索功能

检索功能是反映数据库质量的一个重要指标，一个质量好的数据库除了资源的内容丰富外，还应该具备完善的检索功能。如果数据库不仅具备检索功能，还具备高级检索功能和保存、打印、分享功能就更加完美了。

（3）资源连接方式

如果直连国外数据库，就会产生国际流量费，图书馆应该请数据库代理商提供连接专线或本地镜像，这样图书馆就不需要再负担国际流量费。因此连接方式对外文数据库显得特别重要。图书馆还要注意连接人数的限制，如果数据库商提供的并发用户数太少，也会给用户的使用带来不便，所以，图书馆在与数据库商谈判时应该考虑并发用户数。

（4）试用反馈情况

图书馆试用数据库，能够得到数据库的后台检索次数和下载次数，通过检索和下载的数量多少决定取舍。还有用户使用的方便和流畅程度也是一个重要的考量因素。

（三）订购与验收

经过选择、试用、评价分析以后，图书馆确定某数据库是本馆确实需要购买的数据库，接下来就可以和数据库商就价格、服务要求进行谈判，签订合同，汇款，到财务报销。技术部门负责安装维护。

三、图书馆数字文献信息资源的采集办法

（一）集团采购

集团采购指两个或两个以上的图书馆由于各种共同的条件或特点（共同的目的、共同的兴趣、共同的需求），或者由于地理上的近便等，为了实现资源共享、利益互惠的目的，共同参与同数据库商谈判（外商为主），联合购买数字文献信息资源或联合获得数字文献信息资源的采购方式。这种方式已成为大学图书馆采购数字文献信息资源的主要模式。

（二）单独采购

顾名思义，单独采购就是单个图书馆独立采购所需的数字文献信息资源。单独采购的一般都是价格不太高的数字文献信息资源，但就数字文献信息资源单位而言，一个数据库要比一种期刊或一本书贵很多，而且，购买数据库跟购买纸质书不同的是一般没有拥有权，只有获取资源权，一旦停购，就失去所有的资料。因此，图书馆一定要谨慎行事，从多方面进行考虑。比较好的做法是成立跨部门数据库采购小组，这样既能掌握数据库试用的情况，了解数据库是否符合本单位用户的需求，又能发挥各部门的优势，做好数据库的采购工作。

（三）捆绑采购

捆绑采购指采购的信息产品不是单一售出的，而是必须和其他的信息产品一同出售。这是商家为了推销某些信息产品，扩大赢利空间而采取的一种营销手段。如施普林格数据库商为了推销外文期刊，就捆绑销售一定的纸本期刊，否则就不给予价格上的优惠。在这种情形下，如果文献信息购置费有一定的保障，从用户的需要和数据库的价格方面考虑，图书馆一般会接受这种采购方式，而商家同时售出纸本期刊和数据库，就赢取了更多的利润。

第三节 图书馆网络文献信息资源的采集

一、图书馆网络文献信息资源的类型与特征

（一）图书馆网络文献信息资源的类型

根据不同的划分标准，网络文献信息资源可以划分为不同的类型。按时效性

可以分为网上出版物、动态信息、联机馆藏书目数据库、国际联机数据库。按其分布可以分为企业、公司站点资源，大学、科研院所站点资源，信息服务机构站点资源，行业机构站点资源等。按网络文献信息资源的层次可以分为知识信息、信息单元、文献、信息资源、信息系统等。按照人类信息交流的方式可以分为正式出版信息、半正式出版信息、非正式出版信息。

1. 正式出版信息

正式出版信息指受到一定的产权保护、信息质量可靠、利用率较高的知识性、分析性信息。如通过万维网，用户可以查询各种数据库、联机杂志、电子杂志和电子工具书等。

2. 半正式出版信息

半正式出版信息指受到一定产权保护的，但没有纳入正式出版信息系统中的信息。如从各种学术团体和教育机构、企业和商业部门、国际组织和政府机构等的网址或主页上，我们可以查询到从正式出版物系统中无法得到的"灰色"信息。

3. 非正式出版信息

非正式出版信息指流动性、随意性较强的，数量大，质量难以保证和控制的动态性信息，如电子邮件、电子会议等。

（二）图书馆网络文献信息资源的特征

1. 数量庞大，类型繁多

互联网上的信息资源种类繁多，数量庞大。谷歌公司已与美国纽约公共图书馆以及哈佛大学、斯坦福大学、密歇根大学的图书馆合作，将这些大学图书馆的馆藏图书扫描制作成电子版放到网上供读者阅读，打造出一座全球最大的网上图书馆。

2. 依赖信息基础设施

网络文献信息资源必须依赖于电信、服务器、交换机、计算机等信息基础设施才能使用。目前，国际互联网的用户已达数十亿人，其中我国的用户就有十亿人，我国高校图书馆主要通过中国教育和科研计算机网（CERNET）与国际互联网相连接。

3. 传播速度快，更新及时

网络文献信息资源由于是在线形式，更新迅速、及时，许多新闻、报纸、网络学术文献库都是每天更新，大大提高了资料的及时性和新颖性。

4.检索方便，利用率高

为便于用户在浩瀚无边的信息资源中搜索到自己所需的资料，开发商开发了网上搜索引擎。许多网络学术文献库、网上图书馆、电子杂志等都开发有专门的高级检索平台，用户通过题名、作者、关键词、作者单位等就可找到自己所需的资料。

二、图书馆网络文献信息资源采集的意义

（一）通过网络采集存储所需信息

如果读者上机检索一个教育网站时，校园网出口将是第一个瓶颈。如果检索国外的某个网站，国际网络出口又是一个重要的瓶颈。

从目前网络应用情况看，网络存在着使用高峰。高峰期间，大多数图书馆的读者很难访问校园网以外的信息，特别是国外站点使用更为困难。如果将所需网络文献信息资源通过网络采集存储到本地，图书馆只需一次对外访问，获取数据，从而减少了全校用户成百上千次地对外访问，既提高了检索速度，也减少了对网络的占用时间。根据网络信息的内容和本馆读者对资源的需求，对网络上采集的信息进行存储管理时，通常将其分为四个级别，即永久保存级、服务级、镜像级和链接级。

（二）将网络信息与本馆资源融为一体

就网络信息的整合来说，可以从两个方面理解：从内容层面上可以理解为，根据实际需要，按照一定的规范和标准，利用现代信息技术对网络上的文字、图像、声音和影像进行处理，并根据用户的需要将信息重新整理、排序和组合，使网络信息的知识价值得到提升；从技术层面上可以理解为，对存在于同构或异构的数字图书馆内部和外部之间的数字资源基于知识和内容进行集成、重组和融合。

分散的信息资源经过整合、集成后，查询一个综合信息就不必再到各个分系统中进行分别查询和人工处理，在整合、集成后的数据信息仓库中就可以直接找到，即整合、集成后的数据信息仓库中的数据是各机构数据资源的有机集成和关联存储，而不是简单的数据汇集，也不是简单地堆放在一个系统中。

（三）实现网络信息的一站式检索

虽然现在大多数网站信息发布工具都采用浏览器方式，采用超文本标记语言，

为使用者提供了方便易读的工具，但是，各个数据库采用的检索点、检索词技术不同，显示的内容及提示信息不同，使用中读者仍然要学习多个软件的操作技术。另外，每个站点都是独立的，当同一个主题的文献在不同的站点时，读者必须分别进入不同的站点多次检索。

此外，不同信息资源之间存在着语义上的区别，这些语义的不同会引起各种不完整信息甚至错误信息的产生，从简单的名字语义冲突（不同的名字代表相同的概念），到复杂的结构语义冲突（不同的模型表达同样的信息）。语义冲突会带来数据集成结果的冗余，干扰数据处理、发布以及交换。因此，网络文献信息资源经采集、整合、集成后应该根据一定的数据转换模式统一数据结构和字段语义，实现读者的一站式检索。

（四）减少读者查询网络信息的经费开支

虽然上网费用特别是国际流量费用已经比较低，但如果每个人的访问都必须上网甚至链接到国外，对经费比较紧张的单位和个人来讲，积少成多，总计起来也是一笔不小的费用。如果一条数据有 1000 个读者使用，采用图书馆统一上网采集下载的方式，只需图书馆的一个工作人员访问一次，供读者在本地使用，国际流量则只占千分之一，从而大大节省了上网经费。

（五）提高网络信息的查准率

网络资源最大的特点是开放性，有许多免费资源可以利用。但是，由于发布者的目的不同，发布形式、时间也不同。站点的增加与撤销自由，今天发现的站点，明天可能就已经不再开放，这对于读者是最难解决的问题之一。有时一个网站发布的信息非常多，与一个特定主题相关的信息只占其中一部分。一般网站都会有大量广告、宣传信息，读者所需要的信息也可能隐藏在三级或三级以下栏目内。读者虽然可以通过多次选择找到自己所需信息，但这无疑会花费大量的时间。

由于数据的生产者不同，依据的标准相应也就有所不同。类似的内容在不同的站点描述差异比较大。即使是使用相同的标准，由于标引者的水平差异，没有统一的规范控制，数据质量也不尽相同。特别是网上的垃圾信息和无用信息较多，只有通过采集与整合网络信息，剔除并过滤无用的网络信息，减少无用信息的干扰，才能提高网络信息的查准率。

三、图书馆网络文献信息资源采集的方式

随着互联网的发展，信息资源的网络化进程加快，网络信息资源在数量、结

构、分布和传播的范围、载体形式等方面表现出无法比拟的优势，基于互联网的信息采集已成为最普及、最受关注、最常涉及的信息采集领域。所谓网络文献信息资源采集就是利用计算机软件或工具，通过浏览、检索、会话等方式从网络信息源中收集、筛选、获取有用文献信息的过程。目前，流行的网络文献信息资源采集方式主要有人工采集和自动采集两大类型。

（一）人工采集

人工采集是常见的网络信息采集方式。在互联网上，用户接触最多的信息是以万维网页面形式存在的。另外，博客等也是互联网上获取信息的常见渠道。用户通过浏览器浏览页面，通过支持文件传输协议的服务器下载资料等，均是利用客户端软件手工连接信息源去获取信息的，均属于人工采集。其共同点是由用户手动输入网址，由客户端软件连接信息源，用户从信息源获取所需信息。常用的人工采集方式主要包括以下几种。

1. 基于搜索引擎的网络文献信息资源采集

搜索引擎已成为用户采集和利用网上信息的最重要工具。搜索引擎使用自动索引软件来发现、收集并标引网页，建立数据库；以万维网页面形式提供给用户一个检索界面，供用户输入检索关键词、词组或短语等；代替用户在数据库中找出与提问相匹配的记录，并将返回结果按相关度排序输出。搜索引擎主要支持关键词搜索，分类搜索引擎还支持分类导航。该采集方式的优点是信息采集量大、内容新颖、采集速度快，但准确性较差。

2. 基于网络浏览器的网络文献信息资源采集

基于网络浏览器的网络文献信息资源采集是最原始、最简单易用的信息资源采集方式。该方式利用网络浏览器进行超文本网络信息浏览，可利用文档中的超链接从一个网页转向另一个相关网页。基于网络浏览器的网络文献信息资源采集的目的性不强，用户可以采用传统的线性方式依次阅读网页信息，也可根据节点之间的超文本链接关系进行相关节点信息的浏览。该采集方式一般无明确的目标和计划性，无法保证采集的质量和效率，因此，用户既可能满载而归，也可能一无所获。

3. 基于下载工具的网络文献信息资源采集

基于下载工具的网络文献信息资源采集也是一种较为常用的信息资源采集方式。下载工具是一种可以更快地从网上下载信息的软件，可用于采集文档、影音文件、软件等多种信息资源。下载工具采用"多点连接"（分段下载）和"断点续传"技术，充分利用网络上的多余带宽，随时接续上次中止点继续下载，大大节省了下载者的连线下载时间，避免重复劳动，有效提高了下载速度和下载质量。

4. 基于在线参考工具书的网络文献信息资源采集

在线参考工具书是专供网络用户查检和参考的特种电子文献，是获取知识、数据、事实等信息的重要渠道。随着互联网的发展，网上涌现出越来越多类型的网络版参考工具书，如词典、百科全书、年鉴、名录等。在线参考工具书克服了印刷型工具书体积庞大、价格昂贵、利用相对困难等缺点，具有信息量更大、内容更丰富、使用更方便、数据更新颖等优点。许多数据库开发商发布了参考工具书数据库，还有很多网站免费提供参考信息查询服务，如中华在线词典等。

5. 基于网络交流平台的网络文献信息资源采集

网络交流平台是获取个人信息、组织内部信息等的重要渠道。网络交流平台是以互联网为基础的平台，综合利用网络载体，达到双方信息交流的目的。与传统的访谈等调查方法相比，网络交流平台缩短了人与人之间的时空距离，使得信息的交流更为便捷和及时，最大限度地保证了社会化网络信息的可选择性、平等性。常见的网络交流平台有即时通信工具（如微信、QQ）、网络社区（如贴吧）等。

6. 基于 FTP 的网络文献信息资源采集

文件传输协议（FTP）类工具是获取非万维网信息资源的重要途径。FTP 类工具均需登录到远程计算机上，才能进行信息查询和获取。使用 FTP 类工具几乎可以传输任何类型的文本文件、二进制文件、图像文件、声音文件、数据压缩文件等，在该类检索工具中，自动标题检索软件较为常用。

（二）自动采集

随着互联网的发展，网络信息资源激增，人们可以足不出户随时利用互联网检索所需的各种信息。网络信息资源也是我们文化遗产的重要组成部分，需要采取措施进行长期保存。但是，网络信息的保存寿命通常只有几十天，随着时间的推移，大量的网络信息就会被湮没，因此，如何自动采集有价值的网络信息资源日益受到重视。网络信息资源自动采集主要是按照用户指定的信息或主题，自动调用各种搜索引擎进行网页搜索和数据挖掘，并将采集的信息经过滤和分类后存入各个主题数据库，从而完成对网络信息资源的搜集和整合，再利用数据压缩和传输技术实现本地化的海量数据存储，完成网络信息资源的采集。目前，广泛应用的自动采集方法主要有以下两种。

1. 基于自动抓取的信息采集

基于自动抓取技术的采集方式较适用于采集特定的目标信息源。自动抓取技术是在用户设定某些信息源的信息类别后，采集器自动定期地从这些信息源中抽取用户所需的最新信息的技术。它采用定向和定题收集相结合的主动跟踪方式多向采集信息，其特点是获取信息主动灵活。网络采集软件是利用自动抓取技术采集信息的典型案例。目前，大部分采集器用于采集网页信息，另外还有部分采集器专门用于采集颜色、商品数据等信息。

2. 基于自动推送的信息采集

从需要采集信息的用户角度来看，信息推送是快速自动获取信息的方式之一。网络公司通过一定的技术标准或协议，从网络信息源或信息提供商处获取信息，经过加工处理后，通过固定的频道向用户发送信息。其特点是根据用户的信息需求定期发送信息，节约用户的信息搜索时间，但用户只能定制需要的频道，无法灵活地限定具体的信息内容。

四、图书馆网络文献信息资源采集的特点

（一）采集方式的多元化

传统的图书馆文献信息资源的采集一般是按照读者需要进行的，一般采用直接去书店选书或者是下订单向书商、书店订购的方式，采集的方式较为单一。互联网环境的背景下，因为信息再现、储存与传输等的方式发生变化，图书馆文献信息资源的出现发行越来越复杂。图书馆文献信息资源的采集方式不仅包含接受赠送、订购、交换与现购等传统的方式，而且包含免费获取、入网与租用等多种新型的方式，文献信息资源采集方式趋于多元化。

（二）采集对象的多样化

高校图书馆传统文献信息资源的采集一般采用文献印刷的方式，这种采集方式比较单一。在互联网环境的背景下，图书馆文献信息资源不断数字化与电子化，逐渐涌现出各种网络文献与电子文献，图书馆文献信息资源的种类由单一化向着多样化的方向发展。目前，图书馆主要采集传统印刷型的文献、电子类文献和网络上的信息资源。

（三）采集手段现代化

传统的文献信息资源采集，主要是以手工操作的方式进行，程序复杂、烦琐，如新书预订一项，就需要经过选定、查重、填写订单、预算经费、统计等诸多环节，不但花费大量的时间，而且容易出现差错。在网络环境下，由于计算机技术和通信技术的广泛运用，高校文献信息资源的采集实现了现代化、电子化和网络化，用先进的计算机技术进行查重、打印订单、统计、验收等工作，不仅速度快、效率高，而且不容易出现差错。如网上在线采集，不仅仅是采集手段上出现变化，它更是使采集人员从狭窄、封闭的传统手工状态转变为开放的、全球的现代化状态。另外，现代化的采集工具不仅提高了工作质量和工作效率，也节约了采集人员的时间和精力，使他们能够有足够的精力用于了解、掌握、研究文献信息资源方面的情况，保证文献信息资源的采集质量不断提高。

五、图书馆网络文献信息资源采集的技术

互联网是一个巨大的信息资源库，从中几乎可以获取任何用户想要的信息，但大多数信息数据都是以无结构的文本形式存在的，使得自动查询和获取信息都变得相当困难。目前，广泛使用的网络信息采集技术主要有以下几种。

（一）网页采集技术

网页采集技术是通过分析网页的超文本标记语言，获取网内的超级链接信息，使用广度优先搜索算法和增量存储算法，实现自动地连续分析链接、抓取文件、处理和保存数据的过程。系统在运行中通过应用属性对比技术，在一定程度上避免对网页的重复分析和采集，提高了信息的更新速度和搜索率。通常，网页采集技术支持多语言编码，包括中文、英文、日文、法文等多种语言，且能按照用户指定网页链接层数下载，还可以实现万维网发布的网络数据库信息的采集和数据的获取。

（二）文本挖掘技术

随着互联网的发展，文本信息已经成为一种重要的知识来源。由于文本信息的存储量大、变化快，从中获取信息十分困难，因此，文本挖掘逐渐成为网络信息采集的一个研究热点，不仅可以用于企业中存在决策需求的业务部门，而且可以用于提供综合信息服务的网站。

文本挖掘技术是综合运用人工智能、模式识别、神经网络等领域的各种技术，按照用户的个性化信息需求，根据目标特征信息对网络文本信息进行有针对性的

搜寻和信息提取，从而快速、准确、全面地为用户提供有价值的信息。基于文本挖掘技术的网络信息采集系统可以采集动态网页信息、自动判别网页内容，通过网站提供的查询接口对网络数据库中的信息进行编辑和分析整理，最终提取相关信息导入本地信息库。

与一般数据挖掘不同的是，文本挖掘的信息源是文本数据库，它由来自各种数据源的大量文档组成，包括新闻、论文、期刊、报告、专利说明书、会议文献、技术档案、技术标准、产品样本等。这些文档可能包含标题、作者、出版日期、长度等结构化数据，也可能包含摘要和内容等非结构化的文本成分，而且这些文档的内容是人类所使用的自然语言，计算机很难处理其语义，必须用文本挖掘技术来解决这一难题。文本挖掘中对文本信息的表示更加准确，通常使用词和短语来表示文本的概念内容。在文本挖掘系统中，大多采用神经网络模型描述文本及文本集合中各概念之间、文本之间以及概念与文本之间的相互关系。

（三）信息过滤技术

随着互联网的迅猛发展和广泛使用，"信息过载"和"不良信息"问题日趋严重。如何更有效、更准确地采集自己感兴趣的信息，排除与自己需求无关的信息，已成为网络信息采集的重要问题。信息过滤技术的应用是大规模内容采集的基础。

信息过滤技术是针对用户在一段时间内比较固定的信息需求，对陆续到达的网络信息进行过滤操作，将符合用户需求的信息保留，将不符合用户需求的信息排除。信息过滤技术主要用于处理文本信息，其目标是帮助用户批量筛选采集来的大量动态信息，着重排除用户不希望得到的信息。信息过滤技术大多数是用机器学习和人工智能方法实现的，其目的是提高过滤效率。根据过滤信息内容的不同，信息过滤可分为不良信息过滤和个性化信息过滤。不良信息过滤一般指过滤掉暴力、反动、色情等信息，常通过预置不良网址等方式实现。个性化信息过滤属于基于内容的过滤，与个性化信息需求密切相关，它要将信息内容和潜在的用户信息需求特征化，再根据这些特征表述，智能化地将用户需求同采集信息相匹配，按照相关度排序将与用户信息需求相匹配的信息推荐给用户，其关键技术是相似性计算。

（四）自动文摘技术

自动文摘技术，是计算机技术、语言分析技术、人工智能技术相结合的产物，并与自动标引有非常密切的关系，其本质是信息的挖掘和浓缩。

所谓自动文摘技术，就是利用计算机自动地从原始文献中提取能全面准确地反映其中心内容的短文的技术。利用自动文摘技术可自动摘录将文本视为句子的线性序列，将句子视为词的线性序列。它通常分四步进行：计算词的权值；计算句子的权值；将原文中的所有句子按权值高低降序排列，权值最高的若干句子被确定为文摘句；将所有文摘句按照它们在原文中的出现顺序输出。在自动文摘中，计算词权、句权，以及选择文摘句的依据是文本的形式特征，主要有词频、标题、位置、句法结构、线索词和指示性短语等。

传统的自动文摘技术主要有理解文摘和机械文摘两种。理解文摘的理论探索价值很高，但实用性较低。机械文摘适用于非受限域，符合当前自然语言处理技术面向实用化的总趋势，但是由于它局限于对文本表层结构的分析，文摘质量很难再有质的飞跃。基于篇章结构的自动文摘技术，克服了传统自动文摘技术的缺点，能够更准确地探测文章的中心内容，因而能够避免机械文摘的许多不足，保证文摘质量。

六、图书馆网络文献信息资源采集的步骤

（一）分析信息需求，确定信息采集的学科专业范围

每个公共图书馆的读者群都不尽相同，因此其信息需求也有自己的特点。因而，图书馆在上网采集信息之前，一定要弄清自己的信息需求，也就是确定自己虚拟馆藏的收录范围，以及本馆网上信息资源采集政策。

（二）选择互联网查询信息

为了帮助人们上网查询信息，许多单位编辑出版了一些类似互联网资源大全等的指导性工具书。现在，除印刷型的网址大全外，网上还有许多网站专门提供网址查询服务。

（三）对初选网站进行浏览

图书馆应对初选网站进行浏览，初步确定其是否与自己的需求相符，并对保留的网站按照事先确定的标准进行评价，如网站被访问的次数、建站机构的权威性和知名度、网站传统媒体的重要程度、用户的评价、专家推荐意见等。在具体操作时，我们可以针对不同的信息资源类型，对各个指标分配不同的权重。此外，对网站等级或权重的评价，也应定期进行，从而确保评定的等级或权重能够反映其真实情况。

（四）根据评定的权重，进一步复选所需的网站

经过初选和对网站的具体浏览，可以过滤掉与需求不相关的网站，然后人们需要对确定所需的信息进行进一步的加工。

（五）对选择的网站用元数据进行标引

元数据主要是用来描述互联网数据和资源，促进互联网资源的组织和检索的。

七、图书馆网络文献信息资源采集的问题

随着信息技术的发展，互联网上的文献日益丰富，特别是万维网上的信息资源更是包罗万象、浩如烟海。这就给图书馆网络文献信息资源的采集带来了一定的问题。

（一）对网络文献信息资源研究的力度不够

网络文献信息资源的采集工作虽然早已开始，但是各图书馆的工作重心大多集中于对网络文献信息资源的检索、获取、加工及提供，而对网络文献信息资源本身的研究还没有达成共识，也未形成理论体系。这与当前网络文献信息资源迅猛地发展相比，显得极不协调。实际上，网络文献信息资源的研究应是网络文献信息资源采集的急先锋。反之，若长此以往，滞后的理论研究必将成为图书馆网络文献信息资源采集的软肋。

（二）缺乏科学有效的评估标准

科学有效的评估标准对网络文献信息资源的跟踪、采集以及服务有着十分重要的现实意义。第一，人们可以通过对网络文献信息资源发布者的身份、背景及发布的时间等进行分析研究，从而初步确定网络文献信息资源的可靠性、安全性。在这当中，寻找、搜集和获取相关信息资源则需要人们进行长期深入的跟踪与研究，这是一项既费时又费力的工作。第二，网络文献信息资源内容的评估标准是人们采集网络文献信息资源时应当关注的另外一个方面。例如，同一专题下不同来源的网络文献信息资源，其内容的评估标准的确定就显得极为重要。因此，在采集网络文献信息资源的过程中，人们既要做到对有用网络文献信息资源的全面收集，又要防止垃圾信息的堆积。当前，部分图书馆由于缺乏科学有效的评估标准，因此就给网络文献信息资源的采集工作带来了许多困难，并且网络文献信息资源的多样性和发现的随机性又使得人们很难及时有效地对其进行科学评价。

（三）网络文献信息资源定位和采集存在障碍

网络文献信息资源以其数量庞大、内容丰富、形式多样和更新速度快而著称，因此即便采用最优化的检索策略与最先进的检索技术，也很难迅速地查找与定位人们真正需要的信息资源。网络文献信息资源的精准定位是一项非常繁杂而细致的工作，尤其是对网络中那些灰色信息资源的采集，其难度可想而知。当前，虽然大多数的网络信息机构都提供了一些非常有效的信息访问途径，但是绝大多数的网络文献信息资源仍然杂乱无序地散布在互联网的各个角落中，其中不乏一些非常重要的信息资源。

网络文献信息资源中的绝大部分属于非保密的和对社会公众开放的资源，这些信息资源的采集和获取相对比较容易。也有许多网络文献信息资源虽然属于非保密的，但其在公开的范围上是有选择的，只提供给特定的用户群体。此外，还有一些网络文献信息资源只能检索文摘和书目信息等二次信息，却无法获取其原始的资料信息，甚至有些网络信息机构严格限制对其信息资源的批量采集，而这一点对图书馆来说是非常致命的。网络文献信息资源更新速度快、稳定性差、垃圾信息过多，这些因素影响了高校图书馆网络文献信息资源的采集。

（四）缺乏统一规范的网络文献信息资源加工整合技术

网络文献信息资源的类型与数据格式多种多样，但缺乏统一的技术规范，并且页面格式也不统一。有的网络信息机构从限制使用的角度出发，甚至采用了非常用的数据格式；有的网络信息机构提供的信息数据格式不规范，甚至根本不提供任何二次信息产品，这都大大增加了网络文献信息资源加工的技术难度，妨碍了网络文献信息资源的传播与开发利用。

（五）知识产权问题

随着现代社会数字化程度的提高和我国改革开放进程的不断深入，知识产权问题越来越成为当今社会的关注焦点。一些大型的网络信息机构凭借其雄厚的实力往往能够比较容易地获得大量信息资源的知识产权，并向信息用户提供一般意义上的使用权。但对于以任何形式的复制、分发、租赁、存储等为目的的使用则有十分严格的限制，用户需要向其提出产权使用申请和支付费用。此外，一些网络信息机构只对其确定的客户群体开放信息资源的使用权，而众多的非客户群体则无权利用其信息资源。网络文献信息资源中还存在着大量的没有明确知识产权归属的信息资源，其来源根本就无法确定，这些都给图书馆网络文献信息资源的采集和开发利用带来了巨大的影响。

八、图书馆网络文献信息资源的采集策略

图书馆网络文献信息资源采集是网络文献信息资源建设中最基础的一个环节。它是实现促进信息资源的深层开发、促进信息资源的动态更新、促进信息资源的迅速传播、促进信息资源的远程获取、促进信息资源的广泛共享等作用,以及最终为用户提供多种形式服务,满足用户各种需求的基础,所以它是图书馆工作的"木之本""水之源"。

(一)加大对网络信息资源研究的力度

对网络信息资源进行长期深入的跟踪和研究分析,是高校图书馆采集高品质网络信息资源的首要工作。图书馆要采集高品质的网络信息资源,就必须先了解网络中有什么样的信息资源,哪些是我们迫切需要的,这些信息资源的可靠性、安全性如何,怎样才能获取这些信息资源,以及这些信息资源的使用权限如何等。上述这些都需要图书馆进行长期深入细致的研究,只有这样,才能最终确定取舍,也才能进一步指导网络信息资源的检索、采集、加工等工作,从而使每一个工作环节都更加有依据。

网络信息资源时效性强、更新速度快的特点,决定了人们对网络信息资源的研究分析也必定是长期的、持续的、动态的和跟踪式的,既不能停止对新信息资源的研究和发掘,也不能放弃对旧信息资源的关注。图书馆跟踪研究的频度至少应同步于网络信息资源的更新频度,否则所有的分析研究工作都将是表面的、浅显的,或有头无尾,或不够及时准确,这些都将对网络信息资源采集的质量产生负面影响。

(二)制定科学有效的评估标准

要采集高品质的网络信息资源,制定科学有效的网络信息资源评估标准是关键环节。图书馆应制定出"特、精、全、省"的基本网络信息资源采集原则:"特"指具有特色的网络信息资源;"精"指采集可靠性、安全性强,内容新颖,发布者规范的网络信息资源;"全"指要确保网络信息资源采集的系统性和完整性;"省"指网络信息资源采集过程中要合理使用资金。

科学有效的网络信息资源评估标准是图书馆对网络信息资源进行长期研究分析的结果,这种标准一经确立就应保持它的相对稳定性,不能轻易改变,使之流于形式。此外,由于网络信息资源的变化和信息用户需求的改变,图书馆也必须及时定期地对评估标准做出相应的小幅调整,但大的原则不能轻易改变。只有掌

握好网络信息资源评估标准的变与不变，才能从根本上确保图书馆能够采集高品质的网络信息资源。

（三）建立严格有效的信息保障机制

严格有效的信息保障机制是网络信息资源采集过程中的关键要素，完整、准确是图书馆网络信息资源采集的基本要求。当前，许多网络信息机构利用一些技术手段，阻碍人们对其网络信息资源的批量获取和完整获取。此外，网络信息资源的及时性也应是采集过程中要特别注意的一个问题。在短时间内及时有效地大量采集所需的网络信息资源，能为后续的整合加工及服务工作争取时间，为充分开发利用网络信息资源创造条件。因此，在整个网络信息资源的采集过程中，图书馆不仅要做好人力和技术设备上的保障，而且要做好目标任务的科学管理与统筹，更为重要的是要积极进行对网络信息资源采集方法、采集手段、采集工具的研究和探索，不断提高网络信息资源的采集效率，特别是针对一些有限制的网络信息资源这一点十分重要。

（四）加大对网络信息资源加工的力度

网络信息资源的快速整合加工应成为一种长效的工作机制，尤其是面对信誉度较高的网络信息机构，如高校和政府部门，其所提供的网络信息资源一般都有标准化和规范化程度较高的二次信息产品，这就为图书馆及时进行网络信息资源的整合加工提供了十分有利的条件。此外，即使图书馆面对无法获得二次信息产品的网络信息资源时，也要充分利用自身的信息处理软件对其进行快速整合加工。当前，部分图书馆在对网络信息资源进行整合与深加工方面做得还不够，无法满足日益发展变化的信息用户的需求。因此，图书馆必须加大对网络信息资源进行深层次挖掘的力度，为开展网络信息资源深层次的服务做好准备工作。同时，网络信息资源的深加工也应遵循规范化和标准化的原则。

（五）建立有效的信息沟通机制

信息沟通是网络信息资源采集过程中各个工作环节之间进行信息交流，实现协调互动的一种手段。在图书馆网络信息资源采集的过程中，每一个工作环节的运行状况都将直接或间接地对其他工序产生影响，从而影响图书馆整个网络信息资源采集的过程。因此，图书馆必须建立有效的信息沟通机制，使网络信息资源采集的整个流程处于可控制状态。

(六)制定严格的管理制度

网络信息资源有着众多区别于传统信息资源的新特点,网络信息资源的采集从检索发现到跟踪研究,再到评估获取,直到整合加工及提供服务都有着全新的运行规律,各工序之间的联系也更加紧密。因此,图书馆必须为网络信息资源的采集制定严格的管理制度。一方面,严格的管理制度不仅能够实现标准化、规范化作业,提高工作效率;另一方面,还能积极减少人为主观因素的干扰,更为重要的一点是有一套严格完善的科学管理制度,能够在制度上确保图书馆网络信息资源采集工作的持续有效开展。

制定严格的管理制度,对网络信息资源采集的全过程进行科学有效的管理与监督,主要体现在以下三个方面。第一,可实现对网络信息资源采集的标准化、规范化管理。网络信息资源是图书馆信息采集的对象,它的一些属性反映了当前网络信息资源跟踪研究的内容与方向。另外一些属性则表明了当前网络信息资源在采集、备份、整合、加工、服务等环节所处的状态。对网络信息资源的采集工作进行严格的管理监督,不仅能使网络信息资源的跟踪研究工作更有针对性和连续性,而且能极大地提高工作效率,减少重复浪费。第二,实现全过程的任务管理与监督,将图书馆网络信息资源采集的全过程纳入监管之中,可对具体的任务实施进行科学合理的安排,这样既能减少盲目性,又能实现全过程的任务处理,让各工序之间的衔接更加合理有效。第三,可实现对工作人员的监管。将人员与任务分别进行管理,可使任务的分配与人员的安排更加具有灵活性。

九、图书馆网络文献信息资源采集的发展趋势

网络信息采集以信息检索技术发展为基础,以计算机技术、网络技术、多媒体技术的发展为依托,逐步向智能化、专业化、个性化和多语种化方向发展。

(一)智能化

智能化是网络信息采集的重要发展趋势之一。以人工智能为基础的自动化信息采集技术是未来网络信息采集的基础。人工智能与信息采集的结合主要体现在自然语言理解、机器翻译、模式识别、专家系统建设等方面。网络智能信息采集工具以智能搜索引擎为代表,结合人工智能技术,将信息采集从基于关键词层面提高到基于知识(或概念)层面,对知识有一定的理解与处理能力,能够实现自动分词、概念搜索、短语识别及翻译等功能。智能搜索引擎允许用户用自然语言进行信息查询,提供更方便、更确切的搜索服务。

（二）专业化

网络信息采集呈现出专业化发展趋势。以多媒体信息采集为例，采集工具将利用多媒体信息分析处理程序，对采集内容进行全面准确的标引，建立"内容—对象"关系型索引多媒体数据库。采集时，用户可根据图像中的颜色、纹理、形状，视频中的镜头、场景、镜头的运动，声音中的音调、响度、音色等进行查询，计算机程序自动获取用户查询的内容，然后将其与多媒体数据库进行匹配，从而提供与检索内容完全一致的检索结果。

（三）个性化

个性化趋势是网络信息采集的重要特征和必然趋势之一。网络信息采集工具可利用智能代理技术，通过对用户的查询历史、兴趣方向进行推理、预测，主动为用户提供有效的采集结果。个性化采集工具使用自动获得的知识进行信息搜集过滤，并自动地将用户感兴趣的信息通过电子邮件或其他方式提供给用户。个性化采集工具结合人工智能技术，具有不断学习、适应信息和用户兴趣动态变化的功能，从而提供更方便、更确切、更快捷的个性化搜索服务。目前，已有搜索引擎通过其社区化产品（对注册用户提供服务）来组织个人信息，在搜索引擎基础信息库的检索中引入个人因素进行分析，从而提供针对个人的不同的搜索结果。

（四）多语种化

随着全世界上网人数的剧增，单一语种的采集工具已经无法满足所有用户的需要。网络信息采集的多语种支持显得更加重要。多语种信息采集即提供多语种的采集环境，系统将按指定的语种进行检索并输出采集结果。

第四章 图书馆科技文献资源的检索

科技文献是科技人员为了描述其进行的科研、设计、试验和鉴定等活动的过程、进展和结果,按照规定的标准格式编写而成的文献。对图书馆科技文献资源进行检索,能为科研人员提供经验参考,为科技研究项目提供理论依据。

第一节 专利文献资源检索

一、专利文献资源概述

(一)专利文献的概念

专利文献从狭义上讲指由专利行政部门公布的专利说明书和权利要求书,也包括申请批准有关发明的其他类别的文件,如发明证书。从广义上来说,除了上述内容外,还包括专利局出版的各种检索工具书,如专利公报、专利文摘、专利题录、专利分类表及与专利有关的法律文件等。对广大科技人员来说,最重要的还是专利说明书,它相当于原始的科研论文。它是申请人向专利局申请专利权时,用以说明自己的目的、发明的要点、发明的详细内容以及要求取得的权利的文件。换言之,专利说明书是新发明、新技术、新工艺、新材料、新产品、新设备等的记录。

世界知识产权组织1988年编写的《知识产权教程》阐述了现代专利文献的概念:"专利文献是包含已经申请或被确认为发现、发明、实用新型和工业品外观设计的研究、设计、开发和试验成果的有关资料,以及保护发明人、专利所有人及工业品外观设计和实用新型注册证书持有人权利的有关资料的已出版或未出版的文件(或其摘要)的总称。"该教程还进一步指出:"专利文献按一般的理解主要指各国专利局的正式出版物。"

概括地讲,专利文献是各国专利局及国际性专利组织在审批专利过程中产生的官方文件及其出版物的总称。作为公开出版物的专利文献主要有专利说明书、专利公报、专利文摘、专利索引和专利分类表等。我国的"专利文献"指国家知识产权局按照法定程序公布的专利申请文件和公告的授权专利文件。

专利文献储存了整个人类的技术知识，是一座取之不尽、用之不竭的技术宝库。历史上许多发明，以及后来的一系列改进，在专利文献中都有详尽的记录。专利文献几乎涉及科学的所有领域。在当今商品化、信息化的时代，还没有其他文献像专利文献能把科学技术与商品和信息结合得这样的紧密，能这样快地转变成商品促进科学进步，推动经济发展。

目前，世界上绝大部分国家和地区建立了专利制度，并且有许多国家和组织用官方文字，出版专利文献。据世界知识产权组织统计，世界上90%～95%的发明能在专利文献中查到，并且许多发明只能在专利文献中查到。可以说，专利文献几乎记载了人类取得的每一个新技术成果，是最具权威性的世界技术的百科全书。

（二）专利文献的特点

1. 内容新颖

专利的创造发明必须是前所未有的，是最新的。新颖性是每项专利发明的必备条件。如果一项研究成果是别人已经发明过的专利，其就不具备新颖性，研究者也就得不到专利权。

2. 完整详尽

专利说明书的编写应达到一般内行人能据以实施的程度。专利写作条文对撰写专利说明书做了明确规定，要求申请专利说明书所公开的发明内容必须十分清楚，对其专利的产品和工艺发展的每一个环节，乃至极细小的环节，都要有受专利法保护的详尽说明，以内行人能看懂为标准。

3. 数量庞大

目前世界上大约有150多个国家设立了专利机构，70多个国家出版专利资料。据统计，从第二次世界大战结束到1970年，全世界共批准了700多万件专利，相当于"二战"前150年的专利的总和。现在世界各国批准的专利累计约为1 700多万件，并且每年以百万件的速度增长。

4. 重复率高

专利权仅在该申请国家受到法律保护。因此，有些价值较大，潜在力强的重大发明，可先后在几个或几十个国家提出申请。据统计，世界60多个国家和地区每年公布的专利文献约为100多万件，其中新发明仅有35万件左右，重复率达60%以上。

5. 出版迅速

许多国家已实行早期公开和延迟审查制，促使发明人抢时间向专利局申请专利，尽早公开自己的发明，从而使专利文献成为报道新技术最快的情报源。据统计，专利文献公布的发明成果一般要比普通科技文献早5~15年。

6. 系统性强

专利文献是一部技术发展史，从中可对企业的科研项目和产品水平有系统了解。利用专利文献可进行科技战略的预测，人们可把某一项技术的所有专利说明书收集起来，或把某一家企业所有的专利全部集中起来，再对每项专利说明书进行分析研究。

7. 著录标准规范

为便于国际间的交流与合作，自1968年起，采用国际专利分类法的专利文献，具有国际统一的著录项目、编排样式和代码。专利说明书的书写格式、使用的符号和代码、各项内容的顺序等都有严格的标准和要求，并且必须通过审查。专利说明书的书写比一般科技文献的著录要规范许多。

8. 创造性强

专利申请的发明创造，既不能是现有技术的组成部分，也不能是内行人一眼看穿的，更不能是简单的拼凑。在技术水平上要求发明者对于技术问题所提出解决方案，要超过该领域内中等水平的专家所能提出的方案。

9. 法律保护

专利文献是实施法律保护的法律文件。专利制度以公开为条件，依法给予发明创造法律保护，并以专利文献为印证，发明创造受到法律保护。

（三）专利文献的作用

1. 传播技术信息

（1）提供技术参考

在创新活动中专利文献可以帮助研究人员解决遇到的技术难题，找出最佳解决方案。

（2）启迪创新思路

在创新活动中研究人员通过查阅专利文献还可以开阔思路、激发灵感，在他人智慧成果的基础上做出新的发明创造。

（3）避免重复研究

充分利用专利文献，可以避免重复走前人的路，缩短60%的科研周期，节约40%的科研经费。在有效配置科技资源，提高研究开发起点和水平，避免人力、财力、物力的浪费方面专利文献具有特别重要的作用。

2. 传播法律信息

（1）警示竞争对手

专利文献不仅为人们提供了发明创造技术内容，同时也向竞争对手展示了专利保护范围。

（2）防止侵权纠纷

任何竞争对手都要尊重他人的知识产权，人们应杜绝恶意侵权行为，避免无意侵权过失，以形成良好的市场竞争氛围。专利文献信息恰似一面镜子，只要随时照一照（检索专利的法律信息），就可以实现自我约束，避免纠纷发生。

3. 提供竞争情报

（1）了解竞争对手

通过对专利信息的分析，人们可以了解竞争对手在不同地域或国家的主要竞争策略、市场经营活动，以及竞争企业间的技术合作、技术许可动向。

（2）分析市场趋向

通过专利信息人们可以了解一个企业的专利申请模式和寻求专利保护的国家，从而可以绘制出它开拓市场的地域分布图，发现企业寻求商业利益的市场趋向。

（3）提供决策依据

专利信息分析可为国家制定产业政策提供参考，也可为企业决策者把握特定技术的开发、投资方向以及制定企业的专利战略等提供依据。

二、各种专利文献资源的检索

随着计算机的应用和网络技术的发展，网上检索专利技术和专利信息已成为必然。一方面，我们可以漫游互联网上各国专利的网站，从而获取各种关于专利法和专利申请的知识，方便地查询国内外的专利代理机构，也可以检索其免费的专利数据库。另一方面，专利发明人及专利权人可以在网上面向世界各地全天候广告宣传自己的发明及产品,加快专利技术的转让速度,扩大产品的市场范围,寻求技术合作伙伴。由于网上资源具有信息的时效性、内容的广泛性、访问的快速性、搜索的网络性和资源的动态性五大特点,因而网上检索专利信息,必将有力地促进人们对专利文献信息的充分利用。

(一)中文专利文献资源的检索

1. 国家知识产权局检索

国家知识产权局是国家市场监督管理总局管理的国家局,为副部级。其网站提供了申请(专利)号、名称、摘要、地址、分类号等字段的检索,并且在多个字段支持模糊检索。

(1)检索技术

①布尔逻辑检索,如"and""or"及"not"。

②其他检索,如位置检索、截词检索("+""?""#"),其中"+"代表任意长度的字符串,"?"代表一个或没有字符串,"#"代表一个强制存在的字符。

(2)检索结果

检索结果先以题录形式显示,点击即可查看文献详细信息。

2. 中国专利信息中心检索

作为国家级大型的专利信息服务机构,中国专利信息中心以最新、最完整的专利信息资源,遍及全国各地的信息收集和服务网络,先进的信息处理技术为依托,为国内外用户提供快捷、优质的服务。

(1)检索技术

①布尔逻辑检索,如与(*)、或(+)、非(-)。

②运算优先级,如逻辑"与"高于逻辑"或"和逻辑"非",逻辑"或"和逻辑"非"的优先级相同。

(2)检索结果

检索结果以文摘形式输出,可自选需要的字段,还可查看"同类专利"。

(二)外文专利文献资源的检索

1. 美国专利及商标局(USPTO)检索

美国专利及商标局是美国政府参与的一个非商业性联邦机构,主要服务内容是办理专利和商标申请,传递专利和商标信息。其专利数据库收集了美国从1976年至今的专利,有全文和图像资料,在网上可免费查询。

USPTO 网站有两个数据库（通过主页上的快速链接即可打开）可供检索：一是授权专利数据库；二是专利申请数据库。

（1）检索方式

USPTO 两个数据库的检索方式（快速检索、高级检索和专利号检索三种）及界面显示基本相同，现以授权专利数据库为例加以说明。

①快速检索。在 USPTO 主页的快速链接处单击"授权专利数据库"按钮，即可进入快速检索界面。此界面提供两个输入框，检索时，在输入框中输入相应检索词，并在对应的位置选择所需检索字段以及两字段间的逻辑组配关系，限定时间范围，单击"搜索"按钮即可进行检索。

②高级检索。在 USPTO 的数据库界面中单击"高级检索"按钮，即可进入高级检索界面。此界面提供检索提问输入框、选择年代下拉菜单、USPTO 检索字段代码和字段名称对应表。检索时直接输入由检索词、字段代码等组成的检索式进行检索。

③专利号检索。在 USPTO 的数据库界面中单击"专利号检索"，进入专利号检索界面。

在输入框中可以一次输入一个专利号或一次输入多个专利号（此时两个专利号之间要用一个空格隔开）进行检索。专利号中有无逗号及字母大小写均不影响检索结果。专利号的输入格式一般是七位数字或数字和字母共七位。

（2）检索结果

在免费条件下，高级检索和快速检索的检索结果先输出含"专利号"和"标题"的列表，点击"标题"输出详细信息。

（3）检索技术

①布尔逻辑检索。系统提供三种逻辑算符，即"and""or"和"not"。在快速检索中，三种逻辑算符以下拉菜单形式位于两个检索词输入框之间。在高级检索中，可直接在检索词之间使用逻辑算符组配成检索式。该系统规定：当一个检索式中含有多个逻辑算符时，所有逻辑算符按照从左到右的顺序执行，如果要改变某个算符的执行次序，则要用括号将该算符及前后检索词括起来，系统优先执行括号中的运算。

②限定字段检索。在 USPTO 的快速检索和高级检索中均可使用限定字段检索，但在两种检索中限定字段检索的用法不太相同。在快速检索中，字段表是以下拉菜单方式位于检索词输入框右边，用户通过下拉菜单选择所需检索字段；而在高级检索中，用户可用字段代码对检索词进行限制，字段检索输入格式为"字

段代码/检索词"。

③截词检索。高级检索中允许使用右截词，在限定字段检索中使用截词检索，词根至少应有三个字符；无字段限定使用截词检索时，词根至少应有四个字符。不能在有引号括住的短语中使用截词检索。

④短语检索。双引号引起来的词组，将被系统处理为一个单独的检索词，用这种方法可以检索多词短语。

⑤改进检索。每次检索结果显示页面中都会出现一个改进检索框，用户可根据对前一次检索结果的满意程度，考虑是否改进以前的检索式，若需改进，则在改进检索框后的框中输入对原检索式进一步限定的检索词或检索式。

2. 日本专利局检索

日本专利局网站的工业产权数字图书馆（IPDL）收录了1885年以来公布的所有日本专利、实用新型和外观设计电子文献。IPDL设有英文版和日文版两个系统，分别包含不同的数据库。比较而言，IPDL日文版比英文版包含更多的信息。

（1）英文版IPDL

英文版IPDL主要包括发明与实用新型公报数据库、发明与实用新型号码对照数据库、日本专利英文文摘数据库、外观设计公报数据库，用户可通过日本专利分类号等获取日本发明或实用新型专利文献。其中，有的数据库用户还可以通过主题词等检索日本专利和申请公布文献。

（2）日文版IPDL

日文版IPDL系统中主要包括公报文本检索数据库、外国公报数据库、外观设计公报检索数据库、法律状态信息检索、复审检索、审查文件信息检索等数据库，其中后四个数据库分别涉及外观设计检索与法律状态检索。

3. 欧洲专利数据库检索

欧洲专利数据库是由欧洲专利局（EPO）通过其成员国的官方专利机构在互联网上提供专利信息查询服务的。

该专利数据库检索系统由多个不同范围的数据库组合成一个综合性的网上专利信息检索平台，提供世界范围内的专利数据库的免费检索服务。用户利用该系统可以免费查询世界50多个国家的专利文献信息，大多数国家的专利数据可追溯至20世纪70年代，但每个国家可检专利信息的详细程度和覆盖年限不完全相同，有些国家、地区、组织的专利信息可检索到全文，有些专利信息可检索到文摘，而有些专利信息则只能检索到题录。

欧洲专利数据库提供快速检索、高级检索以及分类检索三种检索方式。免费条件下检索结果以题录形式输出，点击题名即可输出详细信息。

第二节 标准文献资源检索

一、标准文献资源概述

（一）标准文献的概念

标准文献又称"标准化文献"，指记录标准的一切载体。它是记录各级各类标准的特种文献。标准文献有狭义和广义之分，狭义的标准文献指按规定程序制定，经公认权威机构（主管机关）批准的一整套在特定范围（领域）内必须执行的、带有标准号的规格、规则、规程、技术要求等规范性文献，简称标准。广义的标准文献指与标准化工作有关的一切文献，包括标准文献形成过程中的各种档案、宣传推广标准文献的手册及其他出版物、揭示报道标准文献信息的目录和索引等，除此之外还包括检索标准文献的检索工具书及有关标准化的文件等。标准文献是一种重要的科技情报源，每一篇标准文献都是对知识和经验的高度概括。它可以直接应用于生产、加工、贸易，也是进行新产品开发、科学研究的重要技术依据。各大型厂矿、科研院所及高等院校都是对标准文献有广泛需求的用户，有不少用户因为缺少这方面的知识而无法获得其科研项目中需要的标准或数据。

（二）标准文献的产生

公元前1500年的古埃及纸草文献中即有关于医药处方计量方法的标准，这是现存最早的标准。现代标准文献产生于20世纪初。1901年英国成立了第一个全国性标准化机构，同年世界上第一批国家标准问世。此后，美、法、德、日等国相继建立全国性标准化机构，出版各自的标准。20世纪80年代，已有100多个国家和地区成立了标准化组织，其中90多个国家和地区制定有国家标准，国家标准中影响较大的有美国、英国、日本、法国等制定的标准。国际标准化机构中最重要、影响最大的是1906年成立的国际电工委员会和1947年成立的国际标准化组织，它们制定或批准的标准具有广泛的国际影响。随着标准化事业的迅猛发展，标准文献激增。

中国标准化研究院国家标准馆是国家级标准文献服务中心。它的标准文献收藏量为全国之最，提供代查代索、咨询、标准查新等多项服务。

（三）标准文献的类型

标准文献是一种为了在一定范围内获得最佳秩序，经协商制定并由公认机构批准，共同使用的和重复使用的规范性文件。作为标准化工作成果的重要信息载体和表现形式，标准文献的概念分为狭义和广义两种。狭义的标准文献指由技术标准、管理标准、工作标准及其他具有标准性质的规范性文件所组成的一种特种科技文献体系；广义的标准文献指记载报道标准化活动的所有文献，除了狭义概念下的各类标准文献外，还包括标准分类资料、标准检索工具、标准化期刊、标准化专著、标准化手册等其他出版物。

标准文献按性质可划分为技术标准和管理标准。技术标准按内容又可分为基础标准、产品标准、方法标准、安全和环境保护标准等。管理标准按内容又可分为技术管理标准、生产组织标准、经济管理标准、行政管理标准、管理业务标准等。标准文献按适用范围可划分为国际标准、区域性标准、国家标准、行业（专业）标准等。按成熟程度可划分为法定标准、推荐标准、试行标准和标准草案等。

根据《中华人民共和国标准化法》，我国标准按其适用范围分为四级：国家标准、行业标准、地方标准和企业标准。

1. 国家标准

国家标准是由国家标准化主管机构批准、发布，在全国范围内统一的标准。国家标准在一定程度上反映着我国的经济技术政策、生产工艺水平、自然资源状况等内容。它由各专业标准化技术委员会或国务院有关主管部门提出草案，属于工农业产品和军民通用的标准，报国家标准化主管部门或由国家标准化主管部门委托的部门审批、发布；属于工程建设方面的标准，报科学技术部审批、发布；属于环保方面的标准，报生态环境部审批、发布；属于药物和卫生防疫方面的标准，报卫生健康委员会审批、发布；对于特别重要的标准，由国务院审批、发布。

2. 行业标准

行业标准是由行业标准化主管部门或组织批准、发布，在某行业范围内统一的标准。在《中华人民共和国标准化法》实施以前，我国没有行业标准而只有部颁标准（国务院各部范围内实施的标准）和专业标准（某一专业范围内实施的标准）。由于有些专业属跨部门范围，导致有的部颁标准不协调。为改变这种状况，1989年《中华人民共和国标准化法》实施时，取消了原部颁标准和专业标准。

3. 地方标准

地方标准由省、自治区、直辖市标准化主管部门批准发布，是在当地范围内统一的标准。根据《中华人民共和国标准化法》和《中华人民共和国标准化法实施条例》的有关规定，对没有国家标准和行业标准而又需要在省、自治区、直辖市范围内统一的地方，可以制定以下地方标准（含标准样品的制作）。

①工业产品的安全、卫生要求。
②药品、环境保护、节约能源等法律、法规规定的要求。
③其他法律、法规规定的要求。

法律、法规规定强制执行的地方标准，为强制性标准；法律、法规规定非强制执行的地方标准，为推荐性标准。地方标准由省、自治区、直辖市标准化行政主管部门统一编制计划、组织制定、审批、编号和发布。

4. 企业标准

企业标准是由企业批准发布的标准，企业标准只限企业在内部使用。如美国波音公司制定的材料、工艺、绘图等方面的技术标准。

（四）标准文献的特点

每个国家对于标准的制定和审批都有专门的规定，标准都有固定的代号，标准格式整齐划一。标准文献是进行生产、设计、管理、产品检验、商品流通、科学研究等方面工作的共同依据。在一定的条件下其具有某种法律效力，有一定的约束力。

标准文献时效性强，它只以某时间段的科技发展水平为基础，因此它具有一定的陈旧性。随着经济的发展和科学技术水平的提高，人们不断地对标准进行修订、补充、替代或废止。

一个标准一般只解决一个问题，文字准确、简练。不同种类和级别的标准在不同范围内贯彻执行。

二、各种标准文献资源的检索

（一）国内标准文献资源的检索

互联网是获取标准文献的重要来源。著名的标准化组织，在互联网上大多建立了自己的网站，报道最新的标准信息。相对传统文本型的标准信息源而言，网上的标准文献具有更新速度快、查找方便、查询范围广等特点，为标准文献相关工作带来了革命性的变化,彻底解决了困扰多年的标准文献查找不方便的问题。计算机检索标准文献有正式出版的标准文献数据库和网络免费资源等。

1.中国标准在线服务网

中国标准在线服务网是国家标准门户网站、国家标准文献共享服务平台,提供中外标准文献的检索、标准文献全文传递等服务。在该平台可检索的标准文献包括国家标准、行业标准、地方标准,各种国际标准、各国的国家标准及国外各行业的标准等。注册并登录该网站后,用户可以使用全部功能。用户还可检索中外标准及免费阅读强制国家标准,其中全文传递等服务有偿。

2.万方数据资源系统的中外标准数据库

万方数据资源系统的中外标准数据库收录了国内外的大量标准文献,包括我国1964年至今国家发布的全部标准,某些行业的行业标准及电气和电子工程师技术标准;收录了国际标准数据库,如美、英、德等国家的标准数据库;还收录了某些国家的行业标准,如美国保险商试验所数据库、美国材料与试验协会数据库、日本工业标准数据库等。数据库中的数据每月更新。

系统提供简单检索、高级检索两种检索方式。检索字段包括标准编号、任意字段、标题、关键词、发布单位、起草单位、标准分类号、发布日期、实施日期等。

3.国家科技图书文献中心标准文献检索系统

利用该系统提供的数据库用户可以查找国内外的标准文献。其内容涉及科学研究、社会管理以及工农业生产的各个领域,该系统提供获取标准文献的相关服务。

4.其他标准文献资源网站

①中国标准在线服务网。
②中国标准服务网。
③中国标准信息服务网。
④标准网。

(二)国外标准文献资源检索

1.国际标准化组织在线检索

(1)检索方法

国际标准化组织是国际上最权威的标准制定单位,也是世界上最大的非政府性标准化专门机构,其主要活动是制定国际标准、协调世界范围内的标准化工作。

在主页右上角单击"检索"按钮就可进入检索页面，网站提供简单检索、高级检索、分类浏览与扩展检索等检索方式。高级检索可选择的检索范围包括已颁布标准、即将实施标准、撤销标准等。检索字段包括关键词、标准号码、文档类型、日期等。

（2）检索结果处理

检索结果包括相关标准的类号、名称、版次、页数、编制机构、订购全文的价格等信息。如果需要订购全文，则要单击相应的图标，并填写相关的个人资料，选择付款方式及全文的传递方法。

2. 国家标准系统网络（NSSN）检索

NSSN是由美国国家标准学会（ANSI）管理、维护的一个全球标准文献搜索引擎。用户可以利用它免费查询世界上600多个标准组织制定的30多万个标准。NSSN提供标准文献全文的获取信息（包括联系电话、标准组织的网址等），还提供标准文献的跟踪服务（需登录）。

（1）检索方法

NSSN检索标准文献有简单检索和高级检索两种方式。

①简单检索。在网站的首页有一个检索框，输入检索词，选择检索入口即可进行标准文献的检索。在利用标准号字段进行检索时，可以输入完整的标准号，也可以输入标准号的一部分。

②高级检索。NSSN高级检索提供了多个检索选项，包括选择检索字段（如标准号、标准名称、全部字段，若选择全部字段，则在标准号、标准名称、摘要、关键词中查询）；选择检索词的匹配方式（如全部词匹配、任一词匹配、短语匹配、布尔逻辑匹配）；限定标准的制定者及标准的范围等。用户可以设置检索结果返回的最大记录量及每页显示的记录数量。

（2）检索结果处理

检索结果以题录形式显示，包括标准号、标准名称、制定者、订购信息等内容。单击表格上的项目选项可以使检索结果按相应的项目排序。例如，单击"标准名称"结果就会按标准名称排序。

第三节 科技期刊资源检索

一、科技期刊资源概述

（一）科技期刊的发展

期刊的起源要追溯到 17 世纪近代科学的发展初期。那时，从事科学研究和探索工作的人逐渐增多，出现了科学团体，这些团体成员定期聚会的发言被记录下来，逐渐演变成了一种新型的学术交流工具——期刊。

世界上最古老的期刊是 1665 年 1 月创刊的《学者杂志》。同年，英国皇家学会创办了一种非常有名的期刊，名叫《皇家学会哲学汇刊》，这是世界上历史最悠久的一种科技期刊。第一种中文期刊创办于 1815 年，是由英国传教士和一名中国人主办的，中文名称是《察世俗每月统记传》。

那么，究竟怎样给期刊下定义呢？许多年来，国内外一直没有一个公认的权威性定义。它的含义随各国的传统习惯而异。1986 年，国际标准化组织给它下了这样的定义："一种以印刷形式或其他形式逐次刊行的，通常有数字或年月顺序编号的，并打算无限期地连续出版下去的出版物。"

多年来，期刊随着科学技术的发展而发展。从 1778 年第一种专业期刊《化学期刊》创刊到 19 世纪初，差不多所有的重要科学领域都有了自己的专业期刊。后来，随着科学文献的增多，又先后出现了综述性期刊和检索性期刊。

（二）科技期刊的特点

科技期刊这种类型的出版物，与其他类型的出版物，尤其是科技图书相比，有其自身的特点，体现在以下几个方面。

1. 时效性

科技期刊的出版周期一般是比较短的，所以它报道信息的速度就快。与其他形式出版物尤其是科技图书相比，科技期刊仍具有出版周期短、报道速度快、内容新颖深入等特点。因此它对科研和生产有较大的参考价值，是一种常用的科技文献资料。

2. 重要性

重要性反映在它品种多、数量大这个事实上。据统计，在科学家和专家所利用的全部科技信息中，由科技期刊提供的占 7% 左右，科技期刊被称为"整个科学史上最成功的无处不在的科学信息载体"。

3. 广泛性

广泛性表现在它的内容丰富这一个特点上。从刊载论文的内容来看，一种期刊可以不限于刊载一个作者、一个专业、一个学科的文献，可以说凡是人类知识领域内的学科类目，都可能出现在期刊上，这说明科技期刊涉及内容广泛。

4. 复杂性

复杂性主要表现在文种繁多、内容繁杂、出版形式和出版周期多样等方面。据不完全统计，目前全球各类科技期刊使用的语言不下 70 种。

（三）科技期刊的类型

经过多年的发展演变，科技期刊的种类越来越多，不同类型的期刊，其学术地位和信息价值往往差别较大。

1. 按学科范围分类

按学科范围分类有综合性的，主要是报道各种不同学科的，或各学科的共同问题的文献，如美国的《科学》、英国的《自然》等；有专业性的，主要报道某一专业学科或某一学科分支的文献。

2. 按编辑出版单位分类

（1）学术团体出版的期刊

学术团体出版的期刊主要指学会、协会和研究所，以及高等院校等编辑出版的刊物。这一类刊物的编辑力量较强，编辑工作比较严谨，作者大多是本领域内的专家，所以这一类刊物内容比较充实，水平也比较高，是目前科技期刊的核心期刊。

（2）商业出版社出版的期刊

这类期刊由于多以盈利为目的，所以编辑出版方针受商业因素影响较大。但这类期刊数量最多，相互之间水平差距也很大。从质量上看，商业出版社出版的期刊的质量是两头较小中间大，即质量高的占一小部分，这一部分期刊可以跟质量高的学会刊物相媲美。

（3）政府部门或国际组织出版的期刊

这类期刊主要报道其所属机构的研究成果和动态，一般能反映该国或国际学术界在该领域的研究任务、水平和动态，是一种不可忽视的重要信息来源。但由于其中有少数是属于限制发行的,这部分刊物仅供少数指定单位收藏,具有一定的保密性,因此不太容易获得。

(4)行业期刊

行业期刊一般由行业公会或大公司编辑出版,有些出版商也出版行业期刊。行业期刊主要刊载新技术、新产品、新设计、新工艺等的情况介绍和有关消息,它的内容比较注重商业宣传,而不注重课题研究。它主要供同行业人员和非技术人员阅读,目的在于扩大销售市场和业务范围。

(5)厂刊

厂刊又称内部刊物,一般由企业内部出版发行。它对公司顾客起联络、宣传和推销产品的作用。厂刊内容大多是公司新闻,如人事新闻,其中也有一些是技术性刊物,常报道一些较重要的技术信息,因此其也具有一定的学术水平。

3. 按内容和性质分类

(1)学术性、技术性刊物

这类刊物主要刊登科研和生产方面的学术论文、研究报告、实验报告、临床报告等原始文献。所以,它的信息量大、信息价值高,是科技期刊的核心组成部分。

(2)快报性刊物

这类刊物专门刊载有关最新科研成果的短文,预报将要发表的论文的摘要,内容简洁、报道速度快。如各种"快报""短讯""快讯"等。

(3)消息性刊物

这类刊物一般刊载与学术机构或厂商企业有关的新闻消息,作为它们与社会(或机构的成员)之间保持联系的纽带。这类刊物的刊名中常带有"新闻"或"简讯"等一些名词。

(4)资料性刊物

这类刊物主要集中报道各类技术数据或事实,如实验数据、统计数据、技术规范、规章制度及条例和法令等。

(5)检索刊物

这类刊物是以期刊形式出版的专门报道二次文献的刊物。手工式检索工具都属于这一种。

二、各种科技期刊资源的检索

（一）中文科技期刊资源检索

1.《中文科技期刊数据库》概述

《中文科技期刊数据库》是目前国内数据量最大的综合性文摘型数据库。1989年以来，其一直致力于报刊等信息资源的深层次开发和推广应用，集数据采集、数据加工、光盘制作发行和网上信息服务于一体。

2.检索方式

（1）传统检索

①点击"传统检索"按钮即进入传统检索界面；②选择检索入口；③限定检索范围进行检索。

（2）高级检索

①点击"高级检索"按钮即进入高级检索界面；②向导式检索；③直接输入检索式检索。

（3）期刊导航

①点击"期刊导航"按钮即进入期刊导航检索界面；②期刊查找；③期刊列表；④文章检索。

3.检索结果

（1）显示检索结果

检索结果显示有两种格式，即简单记录格式和详细记录格式。检索完成后，首先显示的是简单记录。点击简单记录的题名，即在下方显示出该记录的详细格式。

（2）输出记录

在检索界面的右上方的复选框中，选择"标记记录""当前记录"或"全部记录"。"当前记录"指在详细记录显示区中显示的内容；"标记记录"指在题录显示区中做过标记的记录。选择后点击"下载记录"，系统按用户的选择将记录以文本格式显示出来。

（3）全文浏览

全文浏览提供两种格式：VIP格式和PDF格式（国际通用格式）。VIP格式的全文需要安装VIP全文浏览器才能打开浏览；PDF格式的全文需要安装阅读软件才能打开浏览。

（二）外文科技期刊资源检索

1. 爱思唯尔（Elsevier）电子期刊全文数据库

荷兰著名的学术期刊出版商 Elsevier 公司开发了电子期刊全文数据库，该公司将其出版的全部印刷版期刊转换为电子版，并使用基于浏览器开发的检索系统，通过互联网向用户提供检索服务。该数据库提供 1995 年以来 Elsevier 公司 1 700 余种电子期刊的全文，涉及数学、物理学、生命科学、化学、计算机科学、临床医学、环境科学、材料科学、航空航天、工程与能源技术、地球科学、天文学、商业管理、社会科学等学科领域。这些期刊是业界公认的高品质学术出版物，大多数为同等评审的核心期刊，被业界许多著名的二次文献数据库收录。

2. 施普林格期刊电子全文数据库

德国施普林格是世界上著名的科技出版公司，通过全文电子期刊系统提供学术期刊及电子图书的在线服务。施普林格公司已开通全文电子期刊服务，共包含 500 种学术期刊，其中近 400 种为英文期刊。该公司所提供的全文电子期刊按学科分为以下 11 个"在线图书馆"：生命科学、医学、数学、化学、计算机科学、经济、法律、工程学、环境科学、地球科学、物理学与天文学，其中大部分期刊是被科学引文索引（SCI）、社会科学引文索引（SSCI）和工程索引（EI）收录的核心期刊，是科研人员的重要信息源。

3. 艾博思科（EBSCO）数据库

EBSCO 工业公司创始于 1944 年，是专门经营纸本期刊、电子期刊和电子文献数据库的集团公司。总部设在美国，其下属的部门电子文献出版公司建有 100 多个电子文献数据库，涉及自然科学、社会科学、人文和艺术科学等学科领域，其中收录的期刊有一半以上是 SCI、SSCI 的来源期刊。EBSCO 数据库是世界上收录学科比较齐全的全文期刊联机数据库，为用户提供各种各样的最新文献。EBSCO 数据库既有大众的也有专业的，数据每日更新，既适用于公共、学术、医疗等机构和部门，也适合公司和学校使用。

学术文献综合库是 EBSCO 数据库中最著名、利用率最高的数据库，也是当今世界最大的多学科学术期刊全文数据库。它专门为研究机构设计，能提供丰富的学术类全文期刊资源。这个数据库的大多数期刊有 PDF 格式全文，很多 PDF 格式全文是可检索 PDF 和彩色 PDF。这个数据库几乎覆盖了所有的学术研究领域，包括社会科学、人文科学、教育学、计算机科学、工程学、物理学、化学、语言学、艺术、文学、医学等。

第四节 科技报告资源检索

一、科技报告资源概述

（一）科技报告的概念

科技报告指一项科研成果的最终报告或者研究过程中的实际记录，又称研究报告或技术报告。《科技报告编写规则》（GB/T 7713.3—2014）中对科技报告的定义："进行科研活动的组织或个人描述其从事的研究、设计、工程、试验和鉴定等活动的进展或结果，或描述一个科学或技术问题的现状和发展的文献。"在国外，科技报告属于灰色文献，就是未经出版和法定权威机构公开发表的内部文献。总之，科技报告指由政府资助的科研活动所产生的，按有关规定和格式撰写，以积累、传播和交流为目的，能够完整而真实地反映科研活动的技术内容和经验的一种文献。

美国是世界上最早生产科技报告文献的国家。在第二次世界大战期间美国就开始进行直接或间接影响战争的各学科的研究，出版大量与国防建设有关的陆、海、空战的研究报告。1941年，美国正式成立了科学与研究发展局（OSRD），专门从事国防科技情报的交流工作。美国还派出大批科学家到德国、日本索取科技资料并整理和出版。至此，科技报告文献作为一种重要的情报资源迅速在全世界发展起来。

（二）科技报告的作用

科技报告的内容新颖广泛、专业性强、技术数据具体，因而具有很高的使用价值。它在交流各种科研思路、推动发明创造、评估技术差距、改进技术方案、提供决策依据、避免科研工作中的重复和浪费、促进科研成果转化为生产力等方面都具有积极的作用。科研人员如果经常查阅科技报告，则可以少走弯路，避免重复研究，提高科研水平的起点，达到事半功倍的效果。因此，科研人员必须熟悉中外科技报告的检索方法和原文获取的途径。

（三）科技报告的类型

科技报告的类型有很多，根据不同的分类标准，科技报告可以划分为不同的类型。

1. 根据科研活动的发展阶段划分

①研究进展过程中的报告，如现状报告、预备报告、中间报告、进展报告。
②研究完成阶段的报告，如总结报告、终结报告、试验成果报告、竣工报告。

2. 根据报告的密级划分

①绝密科研报告。
②秘密科研报告。
③非密级限制发行科研报告。
④解密科研报告。
⑤非密公开科研报告。

3. 根据科研报告的技术内容划分

①技术报告，科研成果的总结，公开发行。
②技术札记，报告新的技术工艺等，公开发行。
③技术备忘录，如试验报告、数据资料、会议记录等，一般不公开出版。
④技术论文，一般是准备在会议上宣读的论文的前身材料。
⑤技术译文，翻译的外国有价值的技术资料。
⑥合同报告，如完成合同过程中的进展报告、研制报告等。
⑦特殊出版物，如会议文集、总结报告、资料汇编等。

（四）科技报告的特点

1. 外部形态独特

科技报告在外部形态上每份报告自成一册，封面和内容有统一的固定格式，有研究或出版机构名称及连续编号。科技报告多数未曾正式印刷，只是单面打字稿的复印件。科技报告的篇幅长短不定，可按需要写成任意长度，装订简便。

2. 学科领域广泛

在内容上，科技报告涉及的学科领域广泛，主要与国防、原子能和航天技术有关，或是政府官方文件；课题专、深、新颖，常涉及尖端科学技术或最新的研究项目；文字叙述较期刊论文详尽得多，而且质朴无华，但较粗糙；不但有成功的经验，也有失败的教训；一般都附有大量的数据、图表及原始实验记录等资料。

3. 报道速度快

科技报告在报道上相当及时，从报告形成到发表所需的时间最短，报道新成果的速度要比期刊的快。

4. 流通控制严格

在流通范围上，大部分科技报告都有一定的限制，即属于保密的或控制发行的。尤其是内容涉及国家军事技术、原子能技术、航空航天技术、其他尖端科技及国家秘密的报告，控制得更为严格，公开发表的只占全部报告的一小部分，因此用户难以通过文献贸易渠道获得。

二、各种科技报告资源的检索

（一）国内科技报告资源检索

1. 万方数据知识服务平台

（1）中文科技报告数据库

万方数据知识服务平台的科技报告数据库包括中文科技报告和外文科技报告，其中中文科技报告收录始于1966年，数据来源于中华人民共和国科学技术部，数据在陆续增加。中文科技报告的收录内容包括国家科技重大专项、国家重点基础研究发展计划、国家高技术研究发展计划、国家科技支撑计划、国家国际科技合作专项、国家重大科学仪器设备开发专项、国家科学技术奖励项目和国家重大科学研究计划等。

（2）中国科技成果数据库

万方数据知识服务平台的中国科技成果数据库收录始于1978年，数据来源于各地鉴定后上报的科技成果，涵盖新技术、新产品、新工艺、新材料、新设计等众多学科领域。

2. 国家科技成果网

国家科技成果网（NAST），是由中华人民共和国科学技术部创建的，以科技成果查询为主的大型权威性科技网站。国家科技成果网所拥有的全国科技成果数据库内容丰富、学科齐全、权威性高，收录了全国各地区、各行业经省、市、部委认定的科技成果，库容量以每年3万~5万项的数量递增，充分保证了成果的齐全性和时效性。国家科技成果网旨在加快全国科技成果进入市场的步伐，促进科技成果的应用与转化，避免低水平的重复研究，提高科学研究的起点和技术创新能力。

3. 国务院发展研究中心信息网

国务院发展研究中心信息网的系列调查研究报告，是国务院发展研究中心专门从事综合性政策研究和决策咨询工作的专家不定期发布的有关中国经济和社会诸多领域的调查研究报告，内容丰富、科学性强，具有很高的权威性和前瞻性。网络版的系列报告每天在线更新，用户可浏览、下载所需内容。

4. 中国商业报告库

中国商业报告库是中国资讯行的子库之一，收录经济学专家及学者关于中国宏观经济、金融、市场、行业等的分析研究文献及政府部门发布的各项年度报告全文，主要为用户的商业研究及行为提供专家意见和建议。数据库每日更新。

中国资讯行网站提供行业报告的免费浏览，但是此时检索到的行业报告只能看到标题。如果要查看或下载全文，要通过如下途径：一是如果本单位有购买中国商业报告库的镜像站，用户可以通过单位局域网免费浏览和下载商业报告的全文；二是预交费用，申请成为中国资讯行的网络会员，这样用户通过输入用户名和密码登录，就可以浏览或下载行业报告全文。

（二）国外科技报告资源检索

1. 美国商务部出版局（PB）报告

PB报告是美国政府系统的报告。PB报告产生于第二次世界大战之后，当时美国政府为了整理和利用从战败国获得的大量的秘密科技资料，于1945年6月成立了一个专门的出版局，即美国商务部出版局，负责收集、整理、报道、利用这些资料，并在这些资料上冠以"PB"字样，即PB报告。

2. 美国武装部队技术情报局文献（AD）

AD是军事系统报告，是美国武装部队技术情报局（ASTIA）整理的文献。该局成立于1951年，是美国空军控制的一个组织。

3. 美国能源部（DOE）报告

DOE报告是美国能源部及其所属科研机构，能源情报中心，公司企业、学术团体发表的技术报告文献。

4. 美国国家航空航天局（NASA）报书

NASA成立于1958年，其前身是美国国家航空咨询委员会（NACA）。NASA专设科技信息处，负责科技报告的收集和出版。

第五节 会议文献资源检索

一、会议文献资源概述

（一）会议文献的种类

会议文献按其出版时间的先后，可分为会前文献、会中文献和会后文献。

1. 会前文献

会前文献主要包括会议预告、征文启事、会议日程表、会议议程、论文预印本和会议论文摘要等。其中，后两种是会前文献的主体。因此，有人称会前文献为预印文献。这类文献非与会者难以获得。

（1）论文预印本

论文预印本多以一文一册的形式简单装订，而且有系列编号。它一般在会前3周至5个月内印成，开会时分发给与会者，有时也在会中出售。它比会后正式出版的会议论文集出版得要早，有些会议会后不再出版会议论文集，论文预印本便成为会议唯一的论文文献。论文预印本在内容上与会后论文集相比，其可靠性和准确性较差。

（2）会议论文摘要

会议举办者将准备参加会议的论文作者在会前提交的论文摘要汇编成册就是会议论文摘要。它也是一种会前文献。会议论文文摘的字数大多限制在500字左右。有的会议，会后不出论文集，而是对外公开发行论文摘要集。

2. 会中文献

会中文献一般指会议进行中有关的会议决议草案及最后正式通过的决议全文、开幕式、闭幕式上的发言稿、与会者名单以及会议讨论记录和会程安排变更通报等。这些文献一般不涉及科技学术方面的内容，因而其科技信息价值不大。

3. 会后文献

会后文献主要指会议结束后，由会议主办者或指定责任者整理、编辑出版的正式文献。这类文献是会议文献的核心部分。会后文献大多公开发行，获取较容易。会后文献的内容系统完整，科技情报价值高，与会前文献相比其出版速度慢得多，这就影响了其内容信息的及时性。会后文献主要是会议录或会议论文集，是会后将论文整理汇编而成的文献。

（二）会议文献的作用

1. 及时传播最新研究成果

会议文献能及时传播某一学科或技术领域的最新研究成果，许多最新发现或发明都是在科技会议上首次公布的。

2. 准确反映科技发展水平

会议文献能够较为准确地反映国内外科技发展水平。国际性及全国性的学术会议的论文基本上代表了某一学科的国际及国内发展水平。

3. 了解科技发展的重要媒介

会议文献是了解某学科技术领域发展趋势的重要媒介。由于科技会议一般连续地定期或不定期召开，其会议文献也是连续的，所以对某个学科会议文献的内容进行系统的分析与研究，不仅能了解该学科技术领域现有水平，更能够预测及掌握其未来的发展趋势。会议文献的种种特点和作用，决定了它是不可缺少的科技文献源之一，对科学技术研究具有重要的指导作用。

（三）会议文献的特点

1. 传播信息比较及时

科学会议是及时传播科学信息的一条非常重要的渠道。科学研究的成果（包括中期成果和终结成果）通过会议进行交流要比其他任何形式的文献交流都更加迅速。据调查，会议上宣读的论文，往往比发表在期刊上的提前数月甚至一年。另外，会议论文中有很多是报道尚未完成的科研工作阶段进展情况的。一般来说，人们在期刊上见到这种论文要等到这一科研工作全部完成，正式报道之前这段时间可能是几个月，也可能长达数年。会议文献的这种迅速报道科研成果的特点，主要体现在会前文献上。会后文献由于编辑出版用时较长，这一特点不够突出。

2. 论题集中

科技会议绝大多数是专业性学术会议，这种会议都有明确的主题，会议文献几乎全部围绕会议主题展开论述。因此，会议文献的内容非常集中，具有极强的专业针对性。

3. 内容新颖

在会议上宣读或书面交流的论文，多数都尚未公开发表过，属于最新研究成果，往往代表着一门学科或一个专业的最新水平。

4. 知识内容不成熟

会议论文不一定是某项科研工作的最终成果总结，有相当数量的只是中间成果或阶段性成果。因此，会议文献与期刊论文、专著、专刊文献等相比，其知识内容较不成熟，也较不完整。

（四）会议文献的出版形式

1. 以单行本图书形式出版

会议文献以单行本图书形式出版一般以会议名称作为会议录书名的主体，同时有"论文集"字样冠前或在后。有的则另立书名，并将会名作为副书名。

2. 以会议丛集的形式连续出版

有些会议录以某种会议丛集中某一卷的形式出版，会议丛集的名称有"××会议"字样。这些会议丛集大多由著名的学术机构或出版公司编辑出版。

3. 以期刊特辑、增刊或专号的形式出版

以这种形式出版的会议录近年来有不断增加的趋势，而且往往都是某著名学术团体举办的会议的相关论文发表在该学术团体主办的学术期刊上。

4. 以科技报告形式出版

科技会议论文中有相当一部分是对科学研究成果的总结。因此，常有会后文献作为科技报告出版发行的。

5. 以声像资料形式出版

有少数会议文献在会后以录音磁带和录像磁带的形式出版发行。

二、各种会议文献资源的检索

（一）国内会议文献资源检索

1.《中国学术会议文献通报》

《中国学术会议文献通报》由科学技术文献出版社出版，1982年创刊。每期以题录、简介或文摘形式报道其收藏的国内学术会议论文，内容涉及数理科学、医药卫生、农业科学、工业技术、交通运输、环境科学及管理科学等领域，是检索国内会议文献信息的主要工具。目前，《中国学术会议文献通报》已建成数据库，用户可通过中国科学技术信息研究所的联机系统进行检索。

2.《中国重要会议论文全文数据库》

《中国重要会议论文全文数据库》收录了1953年以来我国各级政府职能部门、高等院校、科研院所、学术机构等的会议论文，累计收录会议论文全文几百万篇，内容涵盖工程科学、农林、医药卫生、电子技术、信息科学、文学、历史、哲学、经济、政治、法律、教育等各个方面。该数据库有网络和光盘两种版本，网上数据每日更新，光盘数据每季度更新。

该数据库提供简单检索、高级检索与二次检索服务。使用者可通过高级检索从论文题名、作者、摘要、关键词、作者机构、引文、会议名称、会议录名称、会议主办单位、会议地点等途径进行检索，并可选择分数据库、时间范围以及每页显示的记录条数。

3.《中国学术会议文献数据库》

《中国学术会议文献数据库》向全国用户提供检索服务。该数据库收录有国家级学会、协会、研究会组织召开的全国性学术会议论文，内容涉及自然科学、工程技术、农林、医学、人文社科等领域，是国内收集学科最全面、收集论文数量最多的会议论文数据库，属国家级重点数据库，是了解国内学术动态必不可少的帮手。

该数据库主要资源包括中文会议和外文会议，中文会议收录始于1982年，收录论文几百万篇，每月更新；外文会议收录始于1985年，每月更新。

该数据库具有强大的检索功能，提供了多种访问全文的途径。常用的检索方法有普通检索、高级检索、分类检索、字典检索和全库浏览。会议论文的检索字段有论文题名、作者、会议名称、会议时间、主办单位、母体文献、分类号、关键词、文摘等。会议名录的检索字段有主办单位、会议名称、会议地点、会议时间、母体文献、出版单位、分类号等。用户可将数据库资源备份到本地，这样用户就可以随时随地无限制地多次下载和使用。

（二）国外会议文献资源检索

1.《世界会议》

《世界会议》是一种具有代表性的预报国际会议举办信息的刊物。它以季刊形式发行，预报两年内即将召开的会议。它把两年的时间分为八个期间，每当发行新的一期时，就追加一个期间（三个月）的新情报，最早一期那部分除外，如有更动随时修改增删。

《世界会议》的报道范围很广泛，涉及自然科学、社会科学和人文科学等领域。《世界会议》由正文和索引两部分组成。各期的正文都按登记号顺序排列。正文部分包括《世界会议》资料库的登记号、会议名称、举办地点、召开日期、主办团体、询问地址、讨论内容、出席人数、论文提交的截止日期和寄送地址、计划出版的会议文献以及有无同时举办的展览会等项目，索引部分包括关键词索引、会议地点索引、会议日期索引、主办单位名称索引、原稿提交截止日期索引等。

2.《会议论文索引》

《会议论文索引》（CPI）由美国坎布里奇科学文摘社出版。CPI 是专门用来报道召开不久或即将召开的各种学术会议的论文题录性检索工具。其内容主要来源于各会议的最后预报或预报文摘，以及向各主办团体咨询所获得的答复。报道内容涉及生命科学、物理学和工程学等领域。CPI 每期由会议查询表、正文和索引三部分组成。

会议查询表位于正文之前，将会议按所属学科分为 17 个类目，各类目按字顺排列。该表列出了会议简称、正文部分起始页码、会址、会期，提供了快速浏览某学科是否有近期会议文献的方法，同时，也提供了查找会议名称及会议文献起始页码的分类途径。

正文部分著录项目包括会议名称、会议日期、主办团体、会议资料的获取方法、索引号、论文作者、联系地址、论文题目及作者地址等。所有项目先按 17 个大类的字顺编排，同一类的再按会议的登记号顺序编排。

CPI 的期索引相对较稳定，从 1979 年第一期起，每期都有主题索引和作者索引，累积索引有主题索引、作索索引和会议日期索引。1981 年以后，主题索引改为会议议题索引。

3.《科技会议录索引》

《科技会议录索引》（ISTP）由美国科学信息研究所编辑出版，1978 年创刊。ISTP 是专门收录世界各国在各学科领域中，用各种文字已正式出版的会议录及会议论文题录的刊物。

它收录的是已出版的会议录，以图书、期刊形式为主。它在收到会议录后三个月左右报道出来，时间较长，加之会议录本身出版的速度就慢，故要及时了解学术会议的情况还要借助其他检索工具。

ISTP报道的学科范围广泛，涉及生命科学、物理化学、农业、生物和环境科学、临床医学、技术和应用科学等领域，年报道会议3 000余个，论文约10万篇，据称，可报道75%—90%的会议论文，是报道会议录的权威性刊物。ISTP月刊由说明部分、连续性图书书目一览表、目录索引、正文组成。

说明部分是了解该刊编刊宗旨、收录范围、科技会议概况及详细用法的一个途径。该部分还穿插了"机构、地理名称缩写表"。在每期正文前还列有连续性图书书目一览表和目录索引。连续性图书书目一览表列出了已出版的会议录的较详细的信息，如会议录主题名称、编者、出版单位、出版时间、页数、价格等。目录索引按类目名称字顺排序。各类目下列出该期收录的会议录名称及编号，可以使人们快速判断本期中是否收录某类目的会议录。

正文部分的全部款目按学科主题类目的字顺排列，有关的会议录按所属学科主题内容列在各类目之下，每一个完整的款目单元包括下列信息。

①会议信息，如会议名称、会期、会址、发起或主办单位等。

②会议录信息，如会议录是以单行本发行的，应包括书名、丛书名、编者、出版社、价格、付款办法等。

③论文信息，如会议相关的全部论文的题目、著者，以及论文在会议录中的页码。

第五章　图书馆社科文献资源的检索

图书馆社科文献资源是社会科学技术发展到一定阶段的产物。社科文献资源能为管理提供决策依据，为社会科学教学和研究提供充足的理论依据。

第一节　古籍文献检索

一、古籍流传存佚的检索

我国有几千年历史，由于各种因素，人们所撰写的著作并没有全部流传至今，要想了解它们的存佚情况，主要利用史志书目来查找。史志书目，就是我国古代用来反映历代典籍情况的综合性书目，如"艺文志""经籍志"。

东汉初，班固根据《七略》编《汉书·艺文志》，开创了正史艺文志的先河，这是我国第一部史志书目。此后，唐代魏征编《隋书·经籍志》、后晋时期的《旧唐书·经籍志》、宋代欧阳修等编《新唐书·艺文志》、元代脱脱编《宋史·艺文志》、清代张廷玉裁定《明史·艺文志》。艺文志或经籍志都称为史志书目，一般为官修书目，也有按私家书目编成的。或记一代藏书，如《汉书·艺文志》记载西汉的藏书；或记一代人的著作，如《明史·艺文志》，只记载明人的著作。每种艺文志分类编排书籍，均记书名、卷数，间注作者。

明史馆成立之后，又相继开始了正史艺文志的补撰。正史原无艺文志的进行补编，如清代《补后汉书艺文志》；正史原有艺文志的也有再进行补注的，如清代姚振宗编《汉书艺文志拾补》。有的正史艺文志的补撰往往有几部。如果将所有正史艺文志或经籍志以及补撰的艺文志、经籍志连贯起来，就得到了今天查考从古至清的古籍的书目。人们不仅从中可见历代古籍存佚情况，也可从中考察社会文化学术的发展。这里要附带提一下金德建编的《司马迁所见书考》。大家知道，《史记》没有艺文志或经籍志。作者考证《史记》提到或引到的各书的流传、性质，同时也起补艺文志的作用。

汇辑历代艺文志、经籍志的书目工具书有以下几种。

①《二十五史补编》。此书将二十五史的补志之作汇为一编，共计32种书目。"二十五史"本是"二十四史"和《新元史》的合称。1921年，北洋政府大总统徐世昌下令，将柯劭忞所著《新元史》列为"正史"，遂有"二十五史"之名。1935年，上海开明书店影印出版了一套《二十五史》，是"二十四史"与《清史稿》的合刊。1986年，上海古籍出版社和上海书店联合影印出版的《二十五史》也是这样。如今，人们说到"二十五史"，一般指"二十四史"加上《清史稿》。与"二十五史"相关的概念，还有"二十四史""正史"和"二十六史"。"二十四史"是对中国古代最重要的24部纪传体史书的统称，始于司马迁的《史记》，终于清张廷玉等纂修的《明史》。"二十四史"的称谓确立于清代乾隆年间。当时以既有的"二十二史"，再加上晚明时期才又重新流传的《旧唐书》和四库馆臣从《永乐大典》中辑录出来的《旧五代史》，合称"二十四史"。这一称谓一直沿用至今。"正史"之说始于《隋书·经籍志》。当时是把所有的纪传体史书"依其世代，聚而编之"，统称为"正史"，列于史部首位，在于强调"世有著述，皆拟班、马，以为正史"，即强调此类史书是"史书的正宗"。而那些"其著书皆编年相次，文意大似《春秋经》"的编年体史书，在《隋书·经籍志》中被称为"古史"。其后，唐代刘知几在《史通》中将《尚书》《春秋》以及此后出现的编年体、纪传体史书统称为"正史"。自《旧唐书·经籍志》始，《隋书·经籍志》中的"古史"被改称为"编年"，史部图书以"正史"为首、"编年"居次的格局稳定了下来。清代乾隆年间编修《四库全书总目》沿袭了这种分类方法，但对"正史"的含义做了新的解释。首先是对"正史"的范围做了严格的界定。由宋代形成的"十七史"算起，明代有"二十一史"，清乾隆以前形成了"二十三史"，乾隆年间四库馆臣从《永乐大典》中辑录出了《旧五代史》，最终形成了"二十四史"，这是《四库全书总目》所说的"正史"范围。"凡未经宸断者，则悉不滥登"。其次，把"正史"解释为史部典籍的"大纲"，认为"正史体尊，义与经配，非悬诸令典，莫敢私增，所由与稗官野记异也"。所谓"未经宸断，悉不滥登"，以及"非悬诸令典，莫敢私增"，说的都是这类史书的编纂需要经过皇帝批准，或修成后需要得到皇帝认可。至此，"正史"在范围上变为仅指纪传体的"二十四史"，在含义上除了传统的"史书的正宗"意义外，又附加了"正统的史书"之意味。20世纪20年代末，由赵尔巽主编的《清史稿》完成。《清史稿》在体例上沿袭了历代"正史"的纪传体模式，在时限上与《明史》相接，因此人们把它和"二十四史""二十五史"综合起来，统称为"二十六史"。如今，人们使用"正

史"这个概念不严格。比如,有时将"二十五史"泛称为"正史",有时所说的"正史"从现实语境看实际上指"二十六史"。从 20 世纪 50 年代后期开始,中华书局对传世的"二十四史"和《清史稿》进行全面整理,陆续出齐了排印的点校本,这是目前最为通行的印刷版本。近年来出现的几乎所有的电子文本,都是中华书局点校本的数字化。1986 年上海古籍出版社和上海书店联合影印的"二十五史",习惯上称为"上海版二十五史"。

②《艺文志二十种综合引得》,可以用来检索先秦至清末历代艺文志、经籍志中所收图书的书名等方面的资料。《艺文志二十种综合引得》哈佛-燕京学社引得编纂处 1933 年编印,中华书局 1960 年重印。20 种艺文志是原正史艺文志或经籍志 7 种,补撰的 8 种,禁毁书目 4 种和征访书目 1 种,按朝代顺序,即《汉书·艺文志》《后汉·艺文志》《三国·艺文志》《补晋书艺文志》《隋书·经籍志》《旧唐书·经籍志》《新唐书·艺文志》《补五代史艺文志》《宋史·艺文志》《宋史艺文志补》《补辽金元艺文志》《补三史艺文志》《补元史艺文志》《明史·艺文志》《禁书总目》《全毁书目》《抽毁书目》《违碍书目》《征访明季遗书目》《清史稿·艺文志》,基本上反映了从古代至清末的古籍。使用引得能获知一部古籍曾在哪几部书目中著录过,它大体上可作为判断一书存佚时间的依据之一。

③《十史艺文经籍志》,收有汉、隋、唐(旧)、唐(新)、宋、辽、金、元、明、清十史的艺文经籍志。

除以上史志书目外,用户还可利用《通志》《文献通考》中的艺文志或经籍志,许逸氏、常国振编的《中国历代书目丛刊》及梁子涵编的《中国历代书目总录》进行检索。

二、现存古籍的检索

我国现存古籍约 10 万种,要想查找现存古籍,主要利用清代以来的各种古籍书目,如《四库全书总目》,这是一部质量较高的书目,全书按经、史、子、集四部分类法编排,对查找清代乾隆年间以前的古籍起着重要的作用。另外,《四库全书简明目录》《四库提要辨证》《四库提要补正》《四库提要订误》等可作为利用《四库全书总目》的参考。查现存古籍最好的版本是《钦定四库全书总目》,该书由《四库全书》研究所整理。

(一)《四库全书》

乾隆年间,清政府为了进行文化统治,控制学术思想,笼络大批知识分子为自己服务，开设了"四库馆"。即于乾隆三十七年（1772年）下诏在全国范围征集图书，次年成立"四库全书馆"，乾隆四十六年（1781年）编成第一部《四库全书》。这是中国历史上规模最大的丛书，分经、史、子、集四部，收书3 400余种，70 000余卷，装订成36 000余册，字数约8亿。七部《四库全书》，一律用毛笔正楷抄写，"包背装"装帧，分贮七座藏书楼："北四阁"（北京紫禁城的文渊阁、圆明园的文源阁，沈阳故宫的文溯阁，承德避暑山庄的文津阁）和"南三阁"（扬州的文汇阁、镇江的文宗阁、杭州的文澜阁）。"北四阁"又称"内廷四阁"，供皇室使用；"南三阁"又称"江浙三阁"，可供读书人阅览。

《四库全书》现仅存四部：文渊阁本（在台湾）、文溯阁本（在甘肃省图书馆）、文津阁本（在北京中国国家图书馆）、文澜阁本（在浙江省图书馆）。台湾商务印书馆1982—1986年影印出版《文渊阁四库全书》，16开本精装1 500册，并附《四库全书总目提要》《四库全书简明目录》和影印本的目录、索引。上海古籍出版社1987—1989年据以影印，缩成32开本。

（二）《四库全书总目提要》与《四库全书简明目录》

《四库全书总目提要》（又称《四库全书总目》，简称《四库总目》）全书200卷，著录书籍3 400余种，另有"存目"6 700余种。由乾隆帝弘历的儿子永瑢领衔编撰，实由纪昀总其成。该提要的内容是："先列作者之爵里，以论世知人；次考本书之得失，权众说之异同；以及文字增删，篇帙分合，皆详为订辨，巨细不遗。"每部书作者的生平事迹，书的内容性质、版本、文字及其优缺点，在该提要中都做了简要的介绍、考证和评论。该提要前有"圣谕""凡例"等，按"部""类""属"三级编排。部，即经、史、子、集四部。每部前有"总叙"，即大序。"部"下为"类"，每类之前有类序，即小序。一些较复杂的"类"再细分为若干"属"（如"小学类"分为"训诂之属""字书之属""韵书之属"）。"属"后有按语。在每一类中，先编排"著录书"的提要，结尾注明"右某类若干部若干卷，皆文渊阁著录"；然后编排"存目书"的提要，结尾注明"右某类若干部若干卷，皆附存目"。

《四库全书总目提要》在使用四部分类法方面，是比较细致完备的。在经、史、子、集四大部类之下，各分为若干小类。

经部，分为易、书、诗、礼、春秋、孝经、五经总义、四书、乐、小学，共10类。

史部，分为正史、编年、纪事本末、别史、杂史、诏令奏议、传记、史钞、载记、时令、地理、职官、政书、目录、史评，共15类。

子部，分为儒家、兵家、法家、农家、医家、天文算法、术数、艺术、谱录、杂家、类书、小说家、释家、道家，共14类。

集部，分为楚辞、别集、总集、诗文评、词曲，共5类。

这四大部类之下共分44个小类，在某些小类目之下，又分为若干子目：礼类分周礼、仪礼、礼记、三礼总义、通礼、杂礼书，共6目；小学类分训诂、字书、韵书，共3目；诏令奏议类分诏令、奏议，共2目；传记类分圣贤、名人、总录、杂录、别录，共5目；地理类分总志、都会郡县、河渠、边防、山川、古迹、杂记、游记、外记，共9目；职官类分官制、官箴，共2目；政书类分通制、典礼、邦计、军政、法令、考工，共6目；目录类分经籍、金石，共2目；天文算法类分推步、算书，共2目；术数类分数学、占候、相宅相墓、占卜、命书相书、阴阳五行、杂技术，共7目；艺术类分书画、琴谱、篆刻、杂技，共4目；谱录类分器物、食谱、草木鸟兽虫鱼，共3目；杂家类分杂学、杂考、杂说、杂品、杂纂、杂编，共6目；小说家类分杂事、异闻、琐语，共3目；词曲类分词集、词选、词话、词谱词韵、南北曲，共5目。总计65个子目。

所谓"存目书"，就是经过纂修官校阅，认为价值不高，或其内容对清政府不利，因而没有抄入《四库全书》中的书。还有一些丛书，其子目已分别抄录入库，丛书的总体介绍就入存目书，这是为了避免重复。对今天来说，这些存目书也是很有参考价值的，因而，季羡林等学者，在各地访求这些存目书，影印出版《四库全书存目丛书》（齐鲁书社出版）。该存目丛书收书4 000余种，16开精装1 200册，有总目录及书名、著者索引。中华书局1965年据浙江刻本影印出版《四库全书总目》，由王伯祥断句，16开精装，附书名及著者索引。据中华书局影印组的统计，该总目共收书10 254种（其中辑录入库者3 461种，存目6 793种）。这万余篇提要，基本上反映了我国在乾隆以前重要书籍的面貌（元代以前的书籍收录更为完备）。所以，人们历来把《四库全书总目》视为研究中国传统学问的重要入门书。中华书局影印本还有三个重要附录：一是《四库抽毁书提要》，这是乾隆五十二年（1787年）从《四库全书》中抽毁的书籍的提要。中华书局在故宫博物院发现九篇，补录于后。二是《四库未收书提要》，这是嘉庆时阮元为他征得的170余种四库未收书所写的提要。三是《四库全书总目校记》，这是中华书局整理出版《四库全书总目》时所写的校勘记。中华书局的这个影印本，多次重印。

《四库全书简明目录》是清朝永瑢、纪昀等根据《四库全书总目》压缩改写而成的简本。由于《四库全书总目》卷帙浩繁，使用不便，作者又压缩删节和修订于1782年（清乾隆四十七年）完成《四库全书简明目录》，简称《简目》。

该书共20卷，与《四库全书总目》相比有以下几个特点：①不录存目之书；②著录图书3 470种，比《四库全书总目》还多几种；③类目清晰、提要简明、有许多按语；④篇幅约占《四库全书总目》的十分之一，可谓《四库全书总目》的凝缩品。书后附有按四角号码编排的书名索引和作者人名索引，且同一作者的著作都集中在一起，便于检索，可使读者节省许多时间。它是人们研究古代文化的一把钥匙，对于期望了解祖国文化遗产一般情况的读者，能够起到"知类通方"的指导作用，是一部真正"以简驭繁"的古典目录，堪称中国目录学史上的精品之作，具有很高的使用价值和学术研究价值。

（三）《四库提要辨证》与《四库全书总目提要补正》

《四库提要辨证》余嘉锡撰，科学出版社1958年版，中华书局1980年改正若干错字重新排印。作者经多年研究，对《四库全书总目》中近500种古籍，从内容、版本以及作者生平等方面，都做了科学的考订，是一部有很高学术水平的研究著作，对研究我国古代历史、文学、哲学、版本目录学都有参考价值。

《四库全书总目提要补正》胡玉缙撰、王欣夫辑，中华书局1964年版。作者从诸家藏书志、读书记、笔记、日记、文集中，汇录了前人对《四库全书总目》与"四库未收书目提要"中2 000种古籍的匡谬补缺文字，亦按《四库全书总目》次序编排。

三、古籍版本的检索

在使用古籍时，古籍版本差异问题是较常见的。用户可查找古籍版本常用书目如《增订四库简明目录标注》，此书著录了《四库全书》所收书的不同版本以及部分《四库全书》未收书。此外，还应参考《藏园订补：邵亭知见传本书目》《贩书偶记》等。查考古籍版本，还要利用下面介绍的古籍善本书目。

（一）《增订四库简明目录标注》

《四库全书总目提要》的重要功用，已如上述。但它的缺点是没有揭示一部书有哪些版本，《增订四库简明目录标注》与《藏园订补：邵亭知见传本书目》可以作为补充。

《增订四库简明目录标注》共20卷，清代邵懿辰撰，其孙邵章续录，邵友诚整理，有中华书局1959年版，上海古籍出版社1979年新1版。邵章于1911年刊版印行，并附邵懿辰《善本书跋及其他》，是为《四库简明目录标注》。邵章又著录咸丰以后嗣出各本，并补其祖标注及诸家批注所未及者。20世纪50年代，邵章之子邵友诚校正《四库简明目录标注》，书后增附邵章辑《四库未传本书目》、刘喜海家藏抄本《东国书目》，总称《增订四库简明目录标注》。书名下方所列版本，为邵懿辰标注。"附录"为诸家批注。"续录"为邵章续注。增订本书后有书名、著者综合索引。

（二）《藏园订补：邵亭知见传本书目》

《邵亭知见传本书目》清代莫友芝撰，近代傅增湘订补，今人傅熹年整理，中华书局 1993 年版，精装 4 册。莫氏去世后，其子莫绳孙将其批注整理为《邵亭知见传本书目》，共 16 卷。此书目著录图书 4 000 余种，超出《四库全书简明目录》，所列版本甚详，故与《四库简明目录标注》同被文献学界推崇，流传甚广。近代目录学家傅增湘以批注方式增补《邵亭知见传本书目》，收书范围不受《四库全书》限制，但未完稿，后由其孙傅熹年继其事。20 世纪 80 年代，傅熹年将傅增湘批注遗稿及《藏园群书题记》等十余种著述汇集成条，分附于《邵亭知见传本书目》相应条目之后，并对《邵亭知见传本书目》的正文和前人的批注加以校正，整理成《藏园订补：邵亭知见传本书目》（傅增湘号藏园居士）。订补本的篇幅约为莫氏原文的 3 倍多，补入的条目达 8 950 余条。书后有书名索引。

（三）《贩书偶记》

《贩书偶记》及其续编著录的书，重点是清代著述，兼清以前的少量善本，以及辛亥革命后约止于 1935 年有关古代文化的著述。其作用相当于《四库全书总目提要》的续编。

《贩书偶记》，近代孙殿起录，1936 年排印，中华书局上海编辑所 1959 年重印，上海古籍出版社 1982 年新 1 版。孙殿起在北京经营古籍书店数十年，他将自己经手、目睹的书籍逐一记下书名、卷数、著者、版本等项，间有按语。后整理成书，著录古籍万余种。其有明确的收录范围：①凡是已见于《四库全书总目》的书，不再收录（除非是卷数不同者）；②只收单行本，不收丛书本，间有在丛书中者，必系初刊单行之本，或是抽印之本。因此，该书不具备丛书子目索引的功用，但它弥补了丛书子目索引所欠缺的功能。

《贩书偶记续编》，孙殿起录，上海古籍出版社 1980 年版。《贩书偶记》于 1936 年刊行后，孙殿起又于贩书过程中积得书目资料 6 000 余条。20 世纪 70 年代他的助手雷梦水将其整理付印。

四、古籍善本、善本提要的检索

何为善本书？目前通常按《中国古籍善本书目》编辑组规定划分，即凡具有古籍的历史文物性、学术资料性、艺术代表性三方面之一二者，均可视为善本。

查找古籍善本的工具书如《中国古籍善本书目》，顾廷龙主编，上海古籍出版社1986—1998年出版。于1975年10月开始，历经十余年，书目于1986年开始分线装本和精装本陆续出版。又经十余年，全套书目出齐，分经、史、子、集、丛五大部类。该书目的收录范围是古籍善本，即"具有历史文物性、学术资料性、艺术代表性而又流传较少的古籍"。它共计著录782个藏书单位收藏的善本书约6万种，13万部，附藏书单位检索表。《中国古籍善本书目》是反映全国古籍善本书收藏情况的，还有反映一馆之善本收藏情况的，如《北京图书馆古籍善本书目》（书目文献出版社出版）、《中国人民大学图书馆古籍善本书目》（中国人民大学出版社出版）等。

《影印善本书目录（1911—1984）》，北京图书馆善本室编，中华书局1991年版收录了70多年间我国影印出版的善本古籍1 049种。

除此之外，查找古籍善本书还可参考《北京图书馆善本书目》《上海图书馆善本书目》《北京大学图书馆藏古籍善本书目》等。

查找古籍善本书提要主要参考书目有《中国善本书提要》和《中国善本书提要补编》，王重民编，分别由上海古籍出版社1983年出版、书目文献出版社1991年出版。

除此之外，查找古籍善本书提要还可参考《读书敏求记》（清钱曾撰）和《善本书室藏书志》（清丁丙辑）等书目。

五、古籍丛书的检索

丛书就是汇集多种图书而冠以总名的一套书。我国最早的丛书始于南宋，如宋代俞鼎孙编辑的《儒学警悟》，到了清代末期已编辑丛书2 000余种。目前要想查找历代丛书所收古籍情况，需要利用丛书目录。可利用的重要丛书目录有《中国丛书综录》，上海图书馆编。查阅《中国丛书综录》，应注意利用阳海清所编《中国丛书综录补正》，江苏广陵古籍刻印社1984年版。

六、古籍检索中的特殊问题

（一）关于同书异名、同名异书问题的检索

古代图书中，书名也较为复杂。书名前冠有"钦定""宋刻""评注"等词

语，并没有改变某种图书的性质和内容。然而历史上却出现了一种图书有几个名称同时使用的现象，如《石头记》《红楼梦》《情僧录》《风月宝鉴》《大观琐录》《金玉缘》《金陵十二钗》等是同一种书的不同名称。相反同名但内容截然不同的图书也有，如《西厢记》，有金代董解元撰的，有元代王实甫撰的，还有明代李日华撰的。

在学习和研究中要解决这类问题，应注意利用下列工具书：《同名异书通检》《同书异名通检（增订本）》《古书同名异称举要》等。此外，王杏根等编有《古籍书名辞典》；杜信孚、蔡鸿源编有《著者别号书录考》，这些都是专门查考古书作者别名的工具书。

（二）关于禁毁、伪书问题的检索

由于历代政治、文化等方面的原因，有些图书被当时的统治者定为禁书。另外，还出现了一些作者和时代不可靠的伪书。查找禁书毁书问题，可利用《清代禁毁书目（补遗）·清代禁书知见录》，清姚觐元编，孙殿起辑。查考这类问题，还可参考《中国禁书大观》（安平秋、章培恒主编）、《中外名书奇书趣书禁书博览》（舒诚编）等。查考伪书问题，可利用《伪书通考》，张心澂编；《续伪书通考》，郑良树编著，该书是张氏《伪书通考》续编；《古今伪书考》，清代姚际恒著。

（三）关于古籍图书内容提要的检索

古代有些图书流传至今，只剩下书名、作者名等，图书内容由于种种因素人们无法看到，要想了解这些图书的大概内容、编写的体例、学科门类等方面的情况，就需要借助古籍提要性书目。我们这里只介绍常用的提要式书目：《郡斋读书志校证》南宋晁公武撰，孙猛校正；《直斋书录解题》南宋陈振孙撰，徐小蛮、顾美华点校。

1.《郡斋读书志》及《郡斋读书志校证》

《郡斋读书志》，南宋晁公武撰。晁氏藏书甚富，又受井度所赠，有24 000余卷。他将藏书一一校雠，写出提要，分经、史、子、集四部编排。全书有总序，每部之前有大序，部分类目之前有小序（置于该类第一种书的提要之中）。这是我国现存最早的一部有提要的私家藏书目。提要偏重考订，附记遗闻轶事，有极高的文献价值。此书最早由晁氏门人杜鹏举刊行，是4卷的蜀刻本。后来晁氏对它做了修订补充，由门人姚应绩编辑刊行，是20卷的蜀刻本。

1990年，上海古籍出版社出版了孙猛整理的《郡斋读书志校证》。这是迄今为止校勘最细、使用最便利的本子。它以衢本为底本，以袁本合校，并以多种文献资料多校，书后有书名索引和著者索引。孙猛给《郡斋读书志》所著录的每种书都编了流水号，可以确切知道《郡斋读书志》收书1 496种。

2.《直斋书录解题》

《直斋书录解题》，南宋陈振孙撰。陈氏为购得与抄录的图书撰写提要，共56卷。清乾隆间修《四库全书》时从《永乐大典》辑出，编为22卷，刻入《武英殿聚珍版丛书》。卢文弨以四库馆本为基础，校以"元本"残卷两种，并"据之定为五十六卷"，恢复原先次第，名以《新订直斋书录解题》，被称为卢校本，稿藏上海图书馆。南京图书馆藏丁丙跋卢校本，中国国家图书馆藏傅增湘录卢校跋本，均为善本。

1987年，上海古籍出版社出版点校本（徐小蛮、顾美华点校），附书名、著者索引。点校本以武英殿本为底本，博采前人校本，为22卷。全书分为56类（其中别集类分上中下，诗集类分上下，为56类，与原书56卷之数相合），虽未标明经、史、子、集四部，实以四部为序。无大小序，提要略比《郡斋读书志》简短，但收书3 000余种，较《郡斋读书志》多出千余种。

第二节 近现代文献检索

一、中华人民共和国成立前文献的检索

中华人民共和国成立前文献的检索，主要利用《民国时期总书目》《（生活）全国总书目》等各种书目资料。

（一）《民国时期总书目》

《民国时期总书目》是中国回溯性国家书目，北京图书馆编，书目文献出版社1986—1997年陆续出版。它以北京图书馆、上海图书馆、重庆图书馆的馆藏为基础编撰，收录了1911—1949年9月间我国出版的中文图书124 000余种，基本反映了民国时期出版的图书全貌。全书按《中文普通图书统一著录条例》著录，按《中国图书馆分类法》分类编排，同类图书多数按出版年月排列，多卷本或同一著者著作尽量排在一起，少数以著者或书名拼音字顺排列。所收图书大部分撰写内容提要。所有图书都注有收藏馆代号。

《民国时期总书目》按学科分成20卷出版。这20卷及各卷所收图书总数：《哲学 心理学》，收书3 450种；《宗教》，收书4 617种；《社会科学总类》，收书3 526种；《政治》，收书14 697种；《法律》，收书4 368种；《军事》，收书5 563种；《经济》，收书16 034种；《文化科学》，收书1 585种；《艺术》，收书2 825种；《教育体育》，收书10 269种；《中小学教材》，收书4 055种；《语言文字》，收书3 861种；《中国文学》，收书16 619种；《世界文学》，收书4 404种；《历史地理》，收书11 029种；《自然科学》，收书3 865种；《医药卫生》，收书3 863种；《农业科学》，收书2 455种；《工业技术 交通运输》，收书3 480种；《综合性图书》，收书3 479种。

（二）《（生活）全国总书目》

《（生活）全国总书目》，中国现代出版发行书目，平心编，1935年由上海生活书店发行。平心，江西南昌人，社会科学工作者、史学家，著有《中国近代史》《人民文豪鲁迅》等。《（生活）全国总书目》是在上海生活书店《全国出版物目录汇编》的基础上扩编而成的，收录1912—1935年间中国全国书店、学术机关、文化团体、图书馆、政府机关、研究学会的出版物及私家出版单位的出版物约两万种，收录图书不论学派，唯以内容严正为尚，荒诞、迷信、低级趣味者一概不收。该目录分图书为十大类：总类、哲学、社会科学、宗教、自然社会科学、自然科学、文艺、语文学、史地、技术知识。

该书目重视阅读指导，在款目上用不同符号区分图书内容深浅，并对某些图书加以注释。译书附有原著作者名和书名，书后附《全国儿童少年书目》及主题、外国著者等。

（三）其他书目

①《抗战时期出版图书书目（1937—1945）》，重庆市图书馆编，1957—1958年出版。

②《中国近代现代丛书目录》，中国大型综合性丛书目录，上海图书馆编，1979年9月由上海图书馆印行。收录中国1902—1949年出版的丛书5 549种，各类图书共30 940种。每种丛书先著录丛书主编者、出版者、出版地、出版年代等，然后详列收入丛书的各书书名，对书名、著译者、版次、页数及其他变动情况等均加注释。正文按丛书名称首字笔画顺序编排。书后附《丛书出版系年表》。1982年7月编出该书的索引，包括《子目书名索引》《子目著者索引》《丛书

编者索引》，索引款目按书名或著者、编者的笔画顺序排列，并注明在正文中的页码。

二、中华人民共和国成立后文献的检索

中华人民共和国成立后文献的检索主要利用《全国总书目》《全国新书目》《新华书目报》《中国国家书目》等国家书目征订目录。

（一）《全国总书目》

《全国总书目》由出版界老前辈胡愈之先生亲自倡议编纂，根据全国所有出版单位向中国版本图书馆缴送的、公开发行的出版物样本编辑，是集全国出版物之大成，图书馆、出版发行、科研等部门及广大图书爱好者必备的资料工具书。中华人民共和国成立以来，依据图书的出版时间分年度编纂，2004年以前，印刷版每年一本，由中华书局出版。

《全国总书目》由分类目录、专题目录和款目三部分组成。其中专题目录，包括"技术标准目录""盲文书籍目录""丛书目录""翻译图书目录"，款目部分包括每一年度的报纸杂志目录、出版者一览表和书名索引。

中华人民共和国成立初期，《全国总书目》由新华书店总店编纂，主要收录新华书店发行和经销的图书，同时选录部分私营书店图书，1949—1955年共出版两部。从1956年起，《全国总书目》的编辑工作由中国版本图书馆承担。

《全国总书目》原来为大32开本，内部发行；1977年起改为公开发行；1982年起改为16开本，并增写了图书内容提要；1985年起改为编辑部自办发行。我国出版的内部发行图书一律由《全国总书目》编辑部另行编录。1988年出版了《全国内部发行图书总目1949—1986》，此书也应算《全国总书目》系列。

20世纪80年代以后，《全国总书目》的编辑更加趋于科学化、标准化、规范化，严格按照《中国图书馆分类法》的分类体系进行分类和编排，依据国家标准进行著录，并建立了《全国总书目》资料数据库，为广大读者提供更多便利化服务。20世纪90年代起，由于出版物增多，《全国总书目》篇幅加大，每年以上下两册形式出版。

（二）《全国新书目》

《全国新书目》是中国版本图书馆主办的一种书目检索类期刊，每月出版一期，全面介绍当月的新书出版信息。设有"书业观察""特别推荐""新书评介""书评文摘""畅销书摘""精品书廊""新书书目"等栏目。其中"新书书目"使

用了国际标准图书分类法，读者可以简便快捷地检索所需内容。全刊信息多而重点突出，有条有理。

《全国新书目》是在国内出版物呈缴本的基础上编制的定期书目刊物，主要收录我国各出版单位正式出版公开发行的各类图书，旨在及时报道我国出版事业发展的现状和动态，提供最新图书的出版信息，是了解中华人民共和国成立以来我国出版物唯一详尽、可靠的资料性杂志。《全国总书目》为它的年编本。

（三）《新华书目报》

《新华书目报》创办于1963年，是新华书店总店主办的中央级专业图书出版信息类报纸，含《社科新书目》《科技新书目》《读者新书目》三大子报，报道中央一级和北京以及全国其他地区出版社的各类图书、多媒体制品等的最新出版信息。收录图书品种丰富，介绍详细，以新书为主，每月预告图书信息逾5 000种，年近5万种，是一种信息量大、价格低廉，被全国各新华书店、图书馆、出版社、机关团体资料室及社会各界读者广泛使用并富有市场成效的报纸。该报同时也被广大的海外中文书店、图书馆中文部及中文图书读者使用。

《新华书目报·社科新书目》，4开48版，旬报，每月8日、18日、28日出版，通过邮局公开发行，主要以社科、文学、财经、少儿文教综合类图书为报道对象。《新华书目报·科技新书目》，4开32版，旬报，每月5日、15日、25日出版，通过邮局公开发行，主要以自然科学、基础科学、工程技术、医药、各级标准、生活科学等类图书为报道对象。《新华书目报·读者新书目》周报，是面向海内外社会个人读者的图书信息服务类报纸，分设新华、社科、文学、科技、财经、医药卫生、教育、少儿和读者俱乐部专版。2000年之后，《新华书目报》在原有工具报的基础上，结合细分市场，逐步衍生出《图书馆专刊》《新华书店协会专刊》《教材导刊》三份特色专刊。

（四）《中国国家书目》

《中国国家书目》是全面、系统地揭示与报道中国出版物的大型书目。由北京图书馆《中国国家书目》编委会主编，《中国国家书目》编辑组编辑。1985年起，先以手工方式编印年累积本。1990年9月开始以计算机为手段编制每月两期的速报本。该书目按照"领土—语言"原则，收录普通图书（包括重印古籍）、连续出版物、地图、乐谱、博士论文、技术标准、非书资料、书目索引、少数民族文字图书、盲文读物，以及中国出版的外国语言文献，年报道量3万多种。款目依据《中国图书馆分类法》和《汉语主题词表》进行著录和标引。著录项目包括文献题名、著者名称、版本项、发行项、载体形态项、丛书项、附注项、内容提要、国际标准书号、分类号、主题词等。款目按《中国图书馆分类法》分类顺序排列。

《中国国家书目》还有题名、著者、主题等三种索引，均依汉语拼音顺序排列。它收录较全，著录标准，检索途径完备，可为国内外文献资源共享创造有利条件，对推动中国书目事业的发展起积极促进作用。

第三节 报刊资料检索

一、报刊概况的检索

报刊是报纸和期刊的合称。报纸出版迅速，发行量大，覆盖面广，能及时报道政治、经济、文化、科技和社会生活等各方面的新闻和动态，还登载一些论文。期刊又名杂志，是一种定期或不定期出版的连续出版物，它出版周期短，时效性强，以刊载各类论文为主，可迅速报道当前学术动态及已获得的研究成果。在知识激增、信息激增的今天，报刊资料已日益成为科学研究者不可忽视的重要情报源。

报刊概况包括报刊名称、主办单位、栏目特点、创刊年月、报刊演变情况、出版周期等内容。如我们要了解一个时期或一个地区出版发行过哪些报刊，涉及的内容是哪些方面的，则需要利用一些报刊目录或报刊简介，如《中国近代期刊篇目汇录》《晚清文艺报刊述略》《中国近现代出版史料》《辛亥革命时期期刊介绍》《五四时期期刊介绍》《国内中文期刊简介》《全国报刊内容汇编》《当代中国报纸大全》《中国报纸概览》《中文核心期刊要目总览》《中文科技期刊简介》《中文科技期刊指南》《中国期刊文献检索工具大全》等。

检索国外的报刊可以利用《外国著名报纸概略》。此外，词典、百科全书、年鉴等，收有比较重要的报刊，如《中国出版年鉴》《中国新闻年鉴》《中国大百科全书》等可以利用。如果要从纵横的宏观角度了解报刊的概况，还可以利用一些报刊研究的专著，如《旧上海报刊史话》。

二、报刊文献的检索

报刊文献品种繁多，内容丰富，信息新颖，传播广泛，能及时反映国内外各方面的最新情况和科学研究的最新成果，涉及政治、经济、军事、文化、科学、技术、教育及社会生活方方面面的重要资料和信息，是人们获得各种知识的重要情报源，所以，它具备很高的情报价值。熟练地对国内外历史的或现行的各类报刊进行检索，是一名合格的情报人员应具备的基本素质。

报刊文献检索主要分为两个方面：一是报刊品种和收藏信息的检索，主要是了解某一时期、某一国家或地区、某一学科或专业的报刊出版、发行和收藏情况，以及报刊的名称、刊期、出版机构、出版沿革等情况；二是报刊论文检索，即查找报刊上刊载的文献（特别是学术论文），以供科学研究参考。

（一）报刊品种和收藏信息的检索

如果我们已获知某篇文章刊载于何种报刊上，而欲索取原文，则需要了解报刊的收藏情况，这就需要利用报刊联合目录与馆藏报刊目录进行检索。报刊目录与报刊介绍，是对联合目录与馆藏目录的有益补充。这类工具书有《全国中文期刊联合目录（1833—1949）》《中国近代期刊篇目汇录》《北京图书馆馆藏报纸目录》《中文科技期刊联合目录》等。

（二）报刊论文的检索

报刊论文检索的目的有以下四点：一是进行科学研究参考；二是为本人或他人编制报刊、专题、论文资料的目录或索引，即二次文献，以提供论述某一问题的全面系统的报刊文献；三是针对某一问题，收集相关的报刊论文进行提炼整理后编写综述、述评等综合性报告（三次文献），为读者提供背景材料，使其能在较短的时间内通过较短的文字对有关课题的基本内容、重要意义、历史沿革、学术观点、状况趋势等有一个清晰、系统的了解；四是为编制和提供著述论文汇编而系统搜集某人或某单位的全部报刊论文。

报刊论文检索方式主要有如下几种。

①利用期刊论文全文数据库。期刊论文全文数据库具有多途径、自动化检索功能，用户选中所需篇目后，可以通过电脑浏览全文，省去了查找翻阅的麻烦。

②利用期刊篇名数据库。期刊篇名数据库是二次文献数据库的主要类型，它是对期刊论文进行加工、压缩的派生性数据库，是当前文献检索的主要机读数据源。

③利用综合性的报刊索引。综合性的报刊索引较全面地汇集了确定范围的主要报刊资料篇目，科学地予以编排，是查检近期报刊文献或进行系统全面的回溯性检索的有效工具，对于不具备电脑数据库检索条件的读者尤为重要。

除此之外，用户还可以利用专题性报刊论文索引、专刊（报）索引、文献汇编和文摘期刊等进行检索。

三、报刊资料检索的工具

(一)《全国报刊索引》

这是检索国内报刊资料最主要的工具,分"科技版"和"哲社版"两个分册,月刊,上海图书馆编辑出版。该索引以题录形式报道中央和各省、市、自治区出版的报纸、杂志的资料,于1955年创刊,原名《全国主要期刊资料索引》(双月刊),上海市报刊图书馆编印,只收期刊,1956年改名为《全国主要报刊资料索引》,增收全国各省市的报纸文章,并于7月改为月刊。1959年后上海市报刊图书馆并入上海图书馆,该索引改由上海图书馆编印,分"哲学、社会科学部分"和"自然、技术科学部分"两个分册出版,出至1966年9月停刊。1973年10月复刊,改名为《全国报刊索引》(现用名)。1980年起分"科技版"和"哲社版"两个分册出版。1981年又开始增收该馆收藏的内部资料,使其成为报道和检索国内公开发行和一部分内部发行刊物的重要工具。它既可供人们查找有关专题资料,又可供人们查找报刊文章出处,是最常用的工具书。查找方法是先确定所查找文章的内容性质,从"分类目录"入手,查找有关的大类、中类、小类,再按所属类目找到文章的篇,然后按索引所示查阅有关报刊。

(二)《中文科技资料目录》

这是检索国内科技文献的题录性刊物。主要报道国内期刊论文、会议论文和专题资料等,分为水利水电、建筑材料、船舶工程、综合科技、基础学科等22个分册,文献取自4 000余种国内公开与内部期刊及15 000余种国内科技资料(包括译文)。

(三)文摘刊物

文摘是检索类刊物的一种形式。文摘有详简之分,除题录部分外,仅对主要内容做一般性简要介绍,不直接摘录原文论点和数据的条目。除题录部分外,还对原文的主要内容做实质性摘要报道。它不仅说明一篇文献的中心题材或主题,而且说明该文献所记载的有关研究、设计、试制项目的目的、方法、设备、重要数据、研究结果和技术经济指标等实质性资料。因此,文摘既起检索报道作用,又向用户提供较充分的情报信息,是二次文献的代表。

国内出版的文摘性检索工具绝大多数都是由中国科学技术信息研究所、中国科学院文献情报中心各专业信息(情报)研究所或省市科技信息(情报)研究所等主编，内容涉及各学科各专业。我国的文摘刊物的编排一般由分类目次、文摘正文、辅助索引三部分组成。

1. 分类目次

我国出版的文摘刊物基本上都是分类编排的，多数采用《中国图书资料分类法》进行分类编排，如《中国化工文摘》《中国生物学文摘》《中国地理科学文摘》《中国无线电电子学文摘》等；也有采用其他分类法编排的，如《中国数学文摘》采用1991年美国《数学评论》杂志的分类表分类编排，《中国物理文摘》采用"国际物理学分类表"分类编排；还有采用自编分类表分类编排的，如《中国力学文摘》则按自编的"中国力学文摘分类表"的13个大类类目分类编排。不管依哪种分类表编排文摘正文，在文摘正文前都列有分类目录（目次），提供分类检索途径。

2. 文摘正文

文摘正文，按文摘前分类目录（目次）的类目顺序编排。

3. 辅助索引

目前，多数检索刊物都编有这部分内容，大都是在最后一期设有年度主题索引（关键词索引）、年度作者（著者）索引，按字顺编排，后附文摘号，如《中国数学文摘》《中国物理文摘》等。还有的设有年度分类索引、地区索引等，如《中国地理科学文摘》，1987年设有年度分类索引，1987年至今设有地区索引。设置这些辅助索引，目的是提供多元化检索途径。另外，还有不少刊物设有"引用期刊一览表"，如《中国物理文摘》等，指明了刊载文摘原文所引用的文献，以便索取原文。

综上所述，我国利用文摘检索刊物的检索方法很简捷，可从分类（正文前分类目录）和索引（正文后的辅助索引）两个途径检索。

第四节 词语、文句、人物等检索

一、词语检索

（一）现代汉语词检索

《现代汉语词典》是中华人民共和国第一部普通话词典，由中国社会科学院语言研究所词典编辑室编写，商务印书馆出版。《现代汉语词典》总结了20世纪以来中国白话文运动的成果，第一次以词典的形式结束了汉语长期以来书面语和口语分离的局面，对现代汉语进行了全面规范。因此，《现代汉语词典》在中国大陆语言界具有权威地位。该词典的重点放在现代常用的汉语词语，也有字的解释，释义以现代汉语普通话为标准，字词以汉语拼音字母顺序排列。该词典积极掌握汉语词汇的发展变化情况，对一些新词、新义也进行了收录，书后有附录，排列完善、内容丰富，是一部比较好用的工具书。该词典1978年初版，1983年和1996年曾出版过两部修订本，2002年出版了增补本，2005年出版第5版，2012年出版第6版。目前最新版本是2016年版（第7版）。第7版基本上反映了当前现代汉语词汇的面貌，能够满足读者查考的需要。

《现代汉语八百词》吕叔湘主编，商务印书馆1980年出版。该书以虚词为主，也收录一部分用法比较复杂或特殊的实词，对每个词条都有细致的分析，并列举大量例证，是一本有理论、重实践的现代汉语虚词工具书。

查现代汉语词，另外还有《现代汉语小词典》（根据《现代汉语词典》压缩改编）、《四角号码新词典》等，都可供利用。

（二）古代汉语词检索

查古代汉语词，除新旧《辞海》《辞源》可作为较好的检索工具外，还可翻看《辞通》《联绵字典》《汉语大词典》《文言虚学》等。

《辞海》是以字带词，兼有字典、语文词典和百科词典功能的大型综合性辞典。《辞海》最早的策划始于1915年，1936年正式出版，之后出版了多个版本，2019年版为最新版。《辞海》在选词上，以解决人们在学习工作中"质难问疑"的需要为基础。在释文内容上，以介绍基本知识为主，并注意材料观点的统一。释义一般均列举书证，并注明出处。全书单字按所属部首、笔画数目编排。每个条目一般先注音、后释义。单字下带出以该单字作为首语素的一系列词语。《辞海》的检索途径比较完备，书前有辞海部首表和笔画笔形索引，书后附有汉语拼音索引、四角号码索引和词目外文索引等多种辅助索引。

《辞源》是一部语文辞典，是中国出版规模最大的一部古汉语工具书。它始编于1908年，1915年出版，1931年《辞源》续编出版，历时数十载，几经修订，1983年修订本才全部完成。1979—1983年出版精装四册修订本，2001年出版精装修订本（上、下册）。根据与《现代汉语词典》分工的原则，修订时删去了有关近代自然科学、社会和应用技术等方面的词语，收词范围一般到鸦片战争为止。

这样，《辞源》便成为一部用来阅读古籍和研究古典文史的辞书。《辞源》以语词为主，兼收百科，强调实用，因此又是一部综合性、实用性极强的百科式大型工具书。全书共收录单字 12 890 个，词语近 10 万条，总计解说约 1 200 万字。编排方法和解字释词的体例与《辞海》基本相同，如以字带词、分类释义、列举书证等。《辞源》对词义的解释力求简明确切，并注意证词的来源和证词在使用过程中的发展演变，追根溯源的特征十分明显。

《辞通》朱起凤编，开明书店 1934 年出版。这是一部专收古书中的各种异形双音词的辞书，共 24 卷，300 多万字。书中把音同或音近通假（借）、义同通用或形近而讹的词语都排列在一起，再把常见通用的写法放在前面成为一组，然后博举例证加以说明，指出某词是某词的假借，某词与某词通用，某词是某词的字形讹误。

《联绵字典》符定一编，1943 年初版，全书 11 册，末册为索引。全书收双音词汇 2 万余条。每词先注反切，再分项释义，并广引古书及注疏为证，例证均注出详细出处。全书按部首编排。

《汉语大词典》是一部大型历史性汉语语文词典。由罗竹风任主编，中国汉语大词典编辑委员会、汉语大词典编纂处于 1975 年开始编纂。山东、江苏、安徽、浙江、福建、上海五省一市的 1 000 多名专家学者参与了编写工作，他们全是在语言方面有较深造诣的专业工作者，实力雄厚，从而保证了该书的权威性。1986 年，第一卷由上海辞书出版社出版，其余各卷改由汉语大词典出版社出版。全书正文 12 卷，另有《附录索引》一卷。全书共收录单字 2.27 万个，复词 37.5 万，是目前世界上收录汉语词汇数量最多的大型语文词典。全书以"古今兼收，源流并重"为编纂原则，广泛收集先秦至当代汉语发展过程中的词汇材料，包括古今词语、俗语、成语、典故及古籍著作中进入一般语词范围比较常见的百科词语等。对于虽有音有义，但只见于字书、韵书而无书证可引的单字，或虽有书证，但意义未详的汉字，均不予收录。这样，《汉语大词典》与《汉语大字典》就有了明显的分工和区别。《汉语大词典》全书依 200 个部首编排，以繁体字立目，简化字括注于后。单字下用汉语拼音标注现代读音，并征引古代韵书中的反切古音。在释义方面，《汉语大词典》义项齐备、古今兼收、词义概括、辨析清楚、同义项合理编排，在一定程度上反映了词义发展的历史进程。书证涉及经部、史部、诸子百家、古今文人别集、戏曲小说、笔记杂著、宗教经典、科技著作、学术专著、近现代报纸杂志乃至方志、碑刻、出土资料等，十分丰富。

《文言虚字》吕叔湘著，是一本解释文言虚词的工具书，全书共 12 篇，对每个字的各种用法进行比较，眉目十分清楚。与此同类的工具书还有《词诠》（杨树达著）、《文言虚词》（杨伯峻著）等。

其他还有关于语词选择和语词辨证的工具书，如《同义词词林》（梅家驹等编），收汉语常用词近 7 万条，分类编排，目的在于为读者提供一个同义词仓库，供读者选择，以解决写作中词穷的窘况。又如《简明同义词典》（张志毅编著），选收现代汉语常用词 1 500 多个，编成近 600 组同义词，然后辨析每组同义词在词性、词义、色彩及用法上的相同之处和相异之处，并给出例证。

（三）成语、典故检索

成语是语言材料中最简练、最常用、最富表现力的固定词组或短语。与成语相近的典故一般指经常被诗文引用的那些古书中脍炙人口的故事或词句。我们在说话或作文时，如果能将成语典故运用得当，可收到寓意深刻、生动活泼的功效。

《中华成语大辞典》向光忠等主编，吉林文史出版社 1986 年版。该辞典收集成语 12 000 余条，是目前我国成语辞典中收集较多的一部。

《汉语成语词典》李一华、吕德申编，四川辞书出版社 1985 年版。该辞典共收成语 10 158 条，对成语的溯源、释义、近义辨析等都做了不少的努力。

《常用典故词典》于石等编，上海辞书出版社，1985 年版。该词典选收古代诗文中常用的故事典故 600 余个，设立词目 5 000 余条，对每一典故分名称、典源、释义、词目、例证五个部分表述。

《古书典故辞典》杭州大学中文系《古书典故辞典》编写组编写，江西人民出版社 1984 年版。该书选收典故 5 400 余个，举凡古代诗文和小说戏曲等经常引用的古代故事或有来历出处的语词均予收罗。

关于典故的工具书还有《文学典故词典》（山东大学古籍整理研究所《文学典故词典》编写组编写，齐鲁书社 1987 年版）等。

（四）专业名词术语的检索

专业名词术语是构成科学体系的最基本单元，也是各专业学习和研究的最基本内容。

1. 常用名词术语的检索

对于常用名词术语的查找，首先可以考虑利用一些取材广泛、释义简明的大型的综合性词典，如《辞海》《简明知识词典》《世界知识大词典》《新时期新名词大词典》《中华百科知识辞书》《当代中国百科大辞典》等。利用这些工具书，可以直接检索到满意答案，也可以检索到该词的一些扩展理解，以便进一步选择其他的工具书进行更深入的检索。除了利用综合性辞典外，查找名词术语，主要以辞典为主。此外，百科全书、年鉴和手册等其他类型的检索工具，都不同程度地收录一些专业名词术语，用户也可以加以利用。

（1）利用辞典检索

辞典是诠释专业名词术语的主要的检索工具，它具有权威性、系统性和严谨性的特点，汇集了有关学科的专业词语、学说学派、人物著作、法律法规、经济组织、学术团体等内容，是读者准确理解和掌握专业名词术语的重要工具书。我们在具体检索时，应尽量选用新的、靠近专业的、查找方便的、释义准确的工具书，检索后还要对其进行分析研究和比较，以便提高检索质量。

（2）利用百科全书、年鉴、手册等进行检索

①百科全书。百科全书汇集了各学科或一门学科范围的专业术语、重要名词、知识性词目等，并按一定的编排方式分列条目，加以详细的、系统的、全面的叙述和说明。其收录资料广泛、科学性强，且篇幅浩大、品种多。按内容从大的方面可分为综合性百科全书和专门性百科全书。综合性百科全书如《中国大百科全书》，它是我国第一部大型综合性百科全书，内容涉及哲学、社会科学和自然科学各学科领域。该书由全国各学科权威人士担任主编，2万余名著名学者、专家撰稿。该书的编纂工作始于1978年，是世界上编纂规模最大的百科全书之一。《中国大百科全书》按学科分卷出版，各学科内容按学科体系以条目的形式编写，系统、详尽、正确地概述了各学科的基本知识。各卷一般由前言、凡例、学科的概论性文章、条目分类目录、正文、彩图插页、大事年表和索引等组成。正文前的概论性文章对学科的发展状况、主要内容与成就、发展规律等做了介绍，帮助读者了解学科的整体面貌。条目分类目录展示了学科体系中知识主体之间的层次关系，方便读者从分类角度查找条目。正文按条目首字的汉语拼音字顺排列。正文后附有大事年表、繁简字对照表和外国人名译名对照表等。《中国大百科全书》的检索途径十分完备，用户可通过多种检索途径查找条目。其主要的检索途径有五种：第一种，分类检索，利用正文前的"条目分类目录"检索，从学科分类角度查找相关条目；第二种，音序检索，各卷正文内容按照汉语拼音字母顺序编排；第三种，笔画检索，各卷均附有"条目汉字笔画索引"，用户可在汉语拼音不熟悉的情况下使用；第四种，主题索引，各卷末附有"条目内容索引"，它是全卷条目和条目内容的主题分析索引，也是一种综合索引，它将全部条目和条目内容中隐含的知识主题，如人物、著作、流派、团体和专有名词术语等集中起来按

照音序排列；第五种，外文检索，该书编有"条目外文索引"，供熟悉外语的读者使用。此外，《中国大百科全书》提供了许多辅助检索渠道。这些辅助检索渠道以全书中某一专项内容作为检索途径，主要包括时序检索、图片检索、书目检索、标题检索和人名检索等。1996年12月，中国大百科全书出版社推出了《中国大百科全书（简明版）》。简明版共12卷，是以《中国大百科全书》为基础，经增补、改编、浓缩而成的一部综合性百科全书。简明版增补了《中国大百科全书》欠缺的国家、能源、材料、信息、旅游、民俗、服饰、烹饪、家政等方面的条目，设有3.1万个条目，随文附有1.1万幅插图和表格，总字数2 000多万。它是概述古今中外各学科、各领域一般知识的、简明实用的百科工具书。2000年，中国大百科全书出版社推出了《中国大百科全书》光盘。几乎同时，网络版《中国大百科全书》也问世了。《中国大百科全书（第二版）》于2009年正式出版，全书共32卷（正文30卷，索引2卷），收录条目6万个，约6 000万字，插图3万幅，地图约1 000幅。全书以条目形式编写，在继承第一版编纂原则和编写理念的基础上，设条和行文更注重综合性和检索性，介绍知识既坚持学术性、准确性，又努力做到深入浅出，具有可读性，适于中等及中等以上文化程度的读者查检和阅读。《中国大百科全书》在作者选择上始终坚持"让最合适的作者撰写最合适的条目"的原则。作为第一版的修订重编版，在尽可能选择第一版作者撰写条目的基础上，又聘请在各学科领域崭露头角的中青年专家学者为作者。《中国大百科全书》的作者合计约为25 000人。其中，中国科学院和中国工程院的院士1 100余人，中国社会科学院首批学部委员47人中的25人，荣誉学部委员中的多数人，都参加了编撰工作。可以说，目前我国自然科学、科学技术和人文社会科学方面有代表性的重要专家学者，大都参加了该书的编撰工作。《中国大百科全书（第二版）》在编排上按当代世界各国编纂百科全书的一般通行做法，全书条目不按学科分类，而是按条头的汉语拼音字母顺序排列，使读者更加便于寻检查阅。从这一意义上说，它是中国第一部符合国际编写惯例的大型现代综合性百科全书。《中国大百科全书》每年出版一卷《中国百科年鉴》作为补充。

②年鉴，又称年刊年报，是辑录一年内重要的时政文献和统计资料，按年度出版的连续性出版物。

③手册，是汇集或简要地概述某一专业或某一方面的基本资料和基本知识，专供人们随时翻检查阅的资料性工具书。

百科全书、年鉴、手册均不同程度地选择收录了一些经济专业名词术语。因此，人们在检索专业名词术语时，也可以参阅这些常用的工具书。

2. 中国古代专业名词术语的检索

对于中国古代的一些专业名词术语，人们可以利用各种辞典，特别是一些有关古代语词的辞典来查找，也可以利用一些百科全书、手册等工具书。对于那些偏僻的古代名词术语，人们也可以利用政书、类书，以及有关史籍来检得更为全面、详细和准确的解释。

3. 国外专业名词术语的检索

检索国外专业名词术语时常用的中外文工具书，以经济学为例有《国际经济学书目》《商业与经济学书目指南》《在版商业图书与连续出版物目录》《国际商业书目》《经济学文献季报》等。

二、文句检索

（一）名句词典中检索

《中国古代名句辞典》陈光磊等编著，上海辞书出版社1986年版。该书收录名句1万余条，所涉书籍自先秦至清末，重点在先秦诸子，儒家经典、前四史，以及历代著名作家的诗文集。另外还有《古代诗词曲名句选》（刘利等编写，广西教育出版社1988年版）、《名人名言词典》（四川文艺出版社出版）等。

（二）古诗文句中检索

在我们读书学习和进行学术研究时，常常需要了解某句诗词某段文句出自何书、何篇目，何人所作以及原意和有关解释。这时，我们就需要考虑应从什么样的角度去选择要利用的索引，以便迅速查检。

下面我们将从选择字、词，选择文句，选择关键词这三方面来对常用的索引进行介绍。

①选择字、词为检索点来查找诗词文句，需要利用的索引包括《尚书通检》顾颉刚主编，《李贺诗引得》艾文博主编，《诗经索引》陈宏天、吕岚合编。同类型的索引还有《礼记引得》《论语引得》《春秋经传引得》《尔雅引得》《孝经引得》《庄子引得》《荀子引得》《墨子引得》《杜诗引得》。除此之外，以字、词为标目的索引，还有《李白歌诗索引》《红楼梦语汇索引》等。以上所介绍的字、词索引，是查找诗词文句出处的常用索引，其检索点多，使用极为方便。

②选择文句来查考诗文出处。选择诗词文句来查考诗文出处，一般都以该文句的首字（或尾字）为标目，而不是以该文句全部的字、词为标目。所以，在查

找前，一定要知道一句话中开头或结尾的是哪个字，否则就无法查考。以诗词文句的首尾字为标目而编制的索引，叫句子索引。这种索引形式多样、内容各异。其中，比较重要而又具有代表性的一部句子索引是《十三经索引》。此外，还有《中国旧诗佳句韵编》《万首唐人绝句索引》。

③选择关键词作为检索点查找诗词文句的出处。关键词索引不像字、词索引那样，逢字、逢词必须逐一标引，也不像文句索引那样，一句话只标引一个首字或尾字，而是从文句的内容上着眼，去选择那些对揭示文句意义有关键性、实质性作用的词语来加以标引。因而，利用关键词索引查找诗词文句的出处时，需正确分析判断、择定关键词，否则就会影响查检。应用较多的几种关键词索引有《史记及注释综合引得》《汉书及补注综合引得》《后汉书及注释综合引得》《三国志及裴注综合引得》等。查考诗词文句的出处，还可利用专书索引，也叫"通检"，其实际上也就是以关键词来作为标引，所以同样可以说这些"通检"都是关键词索引。

（三）类书中检索

类书是采辑古籍中的片段或整篇资料，按类别或韵目加以编排，以供寻检、征引古代文献之用的工具书。简单地说，类书是中国古代形成的具有资料类编性质的参考工具书，是最具世界影响力的中国传统文献资源之一。

类书之名，最早出现在宋代。此前，这类书称为"类事"。类书是直接抄录各类典籍中的原始资料而加以陈列。就抄录资料的方式说，一般是片段摘抄，也有的是整段、整篇甚至整部书抄录。资料的原始出处，一般都会注明。就抄录资料的性质说，在中国类书发展史上，经历了由专门采辑"事迹"类资料到"事文并重"的转变。这一转变发生在唐代，标志是《艺文类聚》所开创的"事文合编"体制。"事文合编"体制的确立，打破了此前长期存在的"事自为类书，文自为总集"的限制，拓展了类书采辑资料的范围。类书的名称由"类事"变为"类书"，反映的就是这种变化。之后，经、史、子、集各类典籍都是类书的资料源泉，记录自然界和人类社会一切已有知识的资料都是类书的陈列对象，由此出现了"类事之书，兼收四部，而非经、非史、非子、非集，四部之内，乃无类可归"的现象。从这个意义上说，类书的内容具有"百科性"，以至于有人认为类书就是中国古代的"百科全书"。

《艺文类聚》唐欧阳询撰，全书共 100 卷，分为 46 部、727 子目。成书于唐高祖武德七年（624 年），是现存最早的完整类书。《艺文类聚》不论在形式上还是在内容上都很有特色。在内容上，《艺文类聚》保存了丰富的唐以前的文献资料，特别是由于它采辑资料"事文并重"，所以保存了大量的诗文歌赋等文学作品。据统计，《艺文类聚》共引用了 1 400 多种古籍中的资料，这些古籍 90% 以上均已亡佚。唐以前的许多文学作品，都是依靠《艺文类聚》才得以保存下来的。《艺文类聚》被收入《四库全书》，所以，今天通过文渊阁《四库全书》电子版可以对其进行全文检索。印刷版《艺文类聚》附编了《人名索引》和《书名篇名索引》。人名，指《艺文类聚》所引用的典籍与诗文的作者姓名、字号、谥号等名号；书名篇名，指《艺文类聚》所征引典籍的书名和篇名。

《太平御览》宋李昉等撰，成书于宋太平兴国八年（983 年）。该书初名《太平总类》，据记载，"书成之后，（宋）太宗日览三卷，一岁而读周，故赐是名也"。全书共 1 000 卷，分为 55 部、4 558 子目。《太平御览》的最大特点是征引的古籍数量多，辑录的资料丰富。该书卷首有一个类似现在"引用书目"性质的《经史图书纲目》，开列出来的征引古籍有 1 690 种。后人将未列入此数的古诗赋、杂书累计计算，得知实际征引的古籍为 2 500 多种。这些被征引的古籍，"以今考之，不传者十之七八"。因此，《太平御览》被认为是保存五代以前文献资料最丰富的类书。《太平御览》亦被收入《四库全书》，所以，用户通过文渊阁《四库全书》电子版可以对其进行全文检索。

《永乐大典》全书 22 877 卷，另有凡例、目录 60 卷，分装成 11 095 册，字数达 3.7 亿。全书的编排体例以《洪武正韵》为纲，按韵目顺序分列单字。每一单字下，先详注该单字的音韵、训释，次移录该单字篆隶楷草各种形体，因此，它具有字书的功能；然后在具有"关键词"性质的同韵语词下汇集与该语词有关的天文、地理、人事、名物，以至奇闻异见、诗文词曲等各方面的资料。《永乐大典》所汇集的资料，全都照录原文，注明出处，有许多资料往往是整篇、整卷乃至于整部书加以辑录的。据统计，《永乐大典》所征引的各类典籍，总数量有七八千种，达到了其他类书无法比拟的地步，真所谓"包括宇宙之广大，统会古今之异同"，成为世界文化史上的空前巨著。《永乐大典》散佚严重，根据已知情况统计，目前存留在世的《永乐大典》共有 400 册左右，8 000 多卷，分散在世界上 10 多个国家的 30 多个公私收藏者手中。《永乐大典》中辑存的资料，在保留宋元以前佚文秘典方面发挥着重要作用。现存的《永乐大典》残本，数量虽然不多，但其中亦有一些不见于他书的珍贵资料，在学术研究中具有较高的价值。

《古今图书集成》于清康熙四十年（1701 年）在陈梦雷主持下开始编纂，

初名《古今图书汇编》，5年后初稿基本完成。蒋廷锡等基本承袭了陈梦雷的原稿，于雍正四年至六年用铜活字排印刊出，仅印64部。《古今图书集成》全书1万卷，目录40卷，计1.6亿字。由于《永乐大典》的残缺，它便成了现存中国古代类书中规模最大、汇集资料最丰富的一部。《古今图书集成》最突出的特点是，在内容上，"凡在六合之内，巨细毕举"，汇集资料浩瀚而系统；在编排上，彻底遵循了"以类聚事"的原则，体现了高度的抽象、概括与区分水平。

在现有的类书索引中，《古今图书集成索引》规模最大，质量较高。它针对原书的特点，设计了一系列互为补充、相辅相成的索引，对原书内容做了全方位的揭示，并对类书中类目概念的古今对应、类目含义的古今转换做了有益的探索。索引的出处项标注新旧两种版本，扩大了适用范围。有了这部索引，《古今图书集成》的资料价值和利用价值大为提高。

三、人物检索

（一）人名检索

人名信息的检索主要利用各种专门性的人物资料，如传记、人物年表、人物词典、名人录、回忆录等，其他专题性以及综合性的工具书，如百科全书、类书、政书、年鉴、手册、普通词典等对人物资料也有相当多的收录。

《中国人名大辞典》是我国最大的一部古代人名词典。全书共收载自远古至清末的古代人名40 000多个，内容包括帝王、官吏、学者、著作家、能工巧匠、方术之士、书画家、著名将帅和社会下层人士。所有资料主要采于经书、正史、方志、杂著和金石文字材料。每个辞条注明人物的活动年代、字号、籍贯、生平和著述等，但不考证人物的生卒处。同姓同名者另条接排，用"。"隔开。该辞典附有"人名索引""姓氏考略""补遗"和"异名表"，方便读者查找。该书在编纂时，《清史稿》和一些方志尚未出版，故部分清代人物未能收录，查找这些人物时可参查《中国历代人名辞典》。

1. 中国人名和外国人名检索

中国古今单纯人名情况的查找，可以利用如下一些工具书，如《中国姓氏汇编》《中国古今姓氏辞典》《室名别号索引》《古今人物别名索引》《二十五史人名大辞典》等。外国人单纯人名情况的查找，可利用我国翻译或编写的辞典、百科全书等工具书。例如，《世界人名翻译大辞典》，此外，还有《英语姓名译名手册》《法语姓名译名手册》《西班牙语姓名译名手册》等。

2. 中国人物检索

中国人物信息的检索可以利用辞典、百科全书、年鉴和报刊等，如《辞海》《中国人物年鉴》《中华优秀人物大典》《中华人物史鉴》；可以利用人名录和人名辞典，如《当代中国经济学百家》《经济大辞典》《中外经济学名人大辞典》；也可以利用传记和传记辞典检索，如《中国当代经济学家传略》《当代中国经济学家录》《历代理财人物选记》等。

3. 国外人物检索

国外人物信息的检索可以利用中文版的工具书，外文版的人名录、人名辞典，国外的报刊及报刊索引。常用的有《当代国际人物辞典》《外国经济学家辞典》《剑桥百科全书》《纽约时报》等。

（二）地名检索

1. 查找中国地名

对中国历史地名的查找可以使用以下检索工具：《中国古今地名大词典》《中国历史地名辞典》《历代地理沿革表》等。对中国现代地名的查找，可以使用《中华人民共和国地名录》《中华人民共和国地名词典》《中国经济名都名乡名号》《中国地名大辞典》等。

《中国古今地名大词典》（戴均良主编，上海辞书出版社 2005 年 7 月出版）是中华人民共和国成立后编纂的第一部规模最大、最具权威性的地名词典。该书共收词 68 000 条，分旧地名和现今地名两大部分，是查考古今地名演变的必备工具。

《中华人民共和国地名录》（中国地名委员会编，中国社会出版社 1994 年出版）是以全国地名普查、补查和资料更新的成果为基础，经标准化、规范化处理而形成的标准地名录。全书共收录全国乡、镇以上各级行政区域名称，以及名胜古迹、纪念地、古遗址、水库、桥梁、电站等名录约 10 万条。

2. 查找外国地名

查找外国地名可利用中文版和外文版的各种工具书，如《最新世界地名录（汉英·英汉）》《世界地名录》等。

《最新世界地名录（汉英·英汉）》由梁良兴主编，北京外文出版社 1999 年出版。该书共收外国地名 20 000 余个，包括国家（地区）名、首都（首府）名，各国一级行政区划名、较大的城镇和居民点名、重要的自然地物（如山、河、湖、海、岛等）的名称以及若干知名的古国、古城、古道路、古建筑物等。条目采用汉—英和英—汉双向排法，汉英部分按汉语拼音顺序排列，英汉部分按拉丁字母顺序排列。该书的使用对象主要为从事汉英、英汉及其他语种翻译的人员、国家问题研究者及高校学生等。

《世界地名录》由萧德荣主编，中国大百科全书出版社 1984 年出版。该书所收录的 30 万个地名按字母顺序排列，释义简明、准确，具有较高的权威性。辞条中外国地名一般包括罗马字母拼写、中文译名、所在地域和地理坐标等四项内容，中国地名一般包括汉语拼音、中文地名和地理坐标三项内容。

3.经济地理的查找

对于此类信息，可以利用食货志、地理志类书，以及地方志、年鉴、目录索引、各种地图集和资料汇编进行检索，如《中国地方志联合目录》。

（三）机构检索

机构泛指机关、团体或其他工作单位，也指机关团体内的内部组织、系统。查找机构信息，主要通过名录类工具书，这些名录有时也冠以"总览、总汇、大全"等。此外，一些百科全书、专业性辞典、年鉴、产品目录、电话号码本、邮政编码本、手册等对有关组织机构也有介绍，人们可以参考利用。人们在查找经济机构时，可以借助如《中国工商企业名录》《中国企事业名录全书》《各国国家机构手册》等。

四、历史大事检索

（一）古代大事的查找

我国古代大事资料的检索，按其检索内容可分为两种：一是有关事件的名称、内容、时间等一般性的检索，其查找途径是利用辞书、百科全书等；二是查找大事较复杂的过程和细节等内容，检索途径是先利用专门的工具书，再利用史籍、类书、政书和后人的研究成果等。

利用史籍检索，可以借助《春秋》《资治通鉴》《续资治通鉴》《通鉴记事本末》《左传纪事本末》《清史纪事本末》等史书；利用类书、政书检索，可以参阅《册府元龟》《太平御览》等。

（二）近代大事的查找

查找近代大事主要可利用大事记、年鉴、资料汇编等，一些辞典、手册和百科全书也不同程度地收集了一些史实和事件条目。

①利用大事记检索。常用的工具书有《中国战时经济志》《中国现代史大事记》《中国革命根据地经济大事记（1937—1949）》等。

②利用年鉴检索。常用的年鉴有《中国历史学年鉴2001》《国民政府年鉴》《中华年鉴》等。

③利用资料汇编检索。资料汇编是根据需要将一定时间范围内的有关资料分门别类汇集起来的工具书。它具有较好的系统性和详尽性，如《中国近代货币史资料》等。

（三）现代大事的查找

查找中国现代经济大事的工具有很多，如各种辞典、百科全书、经济事典、经济大事记、年鉴、政府出版物等，人们可根据检索需要灵活地选择各种工具书，或将它们结合起来运用。利用辞典、百科全书检索可以参阅《中华人民共和国大辞典》《共和国成就大辞典》《中国历史百科全书》《历史上的今天》《中国金融百科全书》等；利用经济事典、经济大事记等检索可以参看《中华人民共和国经济大事记（1949年10月—1984年9月）》《中国事典》《共和国重大事件纪实》等；利用年鉴检索可参阅《中国百科年鉴1995》《中国金融年鉴2019》等；利用政府出版物检索可了解最新的信息资料。

（四）国外大事的查找

查找国外大事与查找国内大事的途径基本相同，关键是要根据检索的内容及需要有的放矢地选择检索工具。查找国外大事应先利用辞典及百科全书了解大事的概况、发生的时间等基本内容，然后利用各种年表及大事记进行检索。

查找国外大事，常用的中文版及外文版工具书有《世界经济大事典》《20世纪大事记》《世界大事典》《外国历史大事典》《外国大事典》《世界历史年表》《世界现代史大事记》等。若查找世界上近几年的大事，可以考虑使用年鉴来查找。

第六章 图书馆文献信息资源的建设

信息资源建设是图书馆赖以生存和发展的基础，而做好信息资源建设工作首先必须深入了解读者的需求。图书馆只有做好信息资源建设工作才能更好地为读者服务，为社会发展提供强有力的信息保障。

第一节 图书馆文献信息资源建设的现状

一、图书馆文献信息资源采访的现状

（一）资源载体的多样化

载体形式的变化主要表现为形成以纸质文献为主、纸质文献和电子文献并重、向电子文献倾斜三个发展阶段的格局，纸质图书的出版量有逐年下降的趋势。馆藏文献载体形式的变化，直接对图书馆的物理馆舍面积、服务器的存储量、有线网络环境、无线网络环境、电子资源阅读手段等方面产生了深刻的影响。

（二）采访工作的复杂化

信息爆炸的年代，图书馆面临着海量信息资源的冲击。为了在海量信息中构建具有馆际特色的文献资源库，有别于其他地区图书馆，打造具有自身鲜明特色的文献资源库，提升图书馆核心竞争力，图书馆在文献信息资源采访的过程中一直在努力。

特色馆藏指图书馆经过长期积累形成的具有一定规模的、系统化的文献信息资源，主要包括纸质资源和数字资源，也有微缩胶卷、实物等，是各馆区别于其他馆的有本馆特色的馆藏。特色馆藏建设是图书馆文献信息资源建设的重要部分，有很多图书馆建有特色馆藏体系。

专业文献内容日渐丰富、数量不断增加，多学科交叉与融合给图书馆文献信息资源采访带来了新难题；专业文献采访也更趋复杂化，文献信息资源既需要通

过传统途径获取，也需要通过互联网手段收集。近年来各类数字出版模式不断出现，例如，互联网众筹出版、自出版等，这也给图书馆文献信息资源采访带来了新问题。

二、图书馆馆藏文献信息资源的现状

（一）馆藏结构更合理

有学者认为复合馆藏建设应坚持"三优先、三保持"原则，即特色馆藏优先数字化，优先引进核心数据库，优先捕捉和组织网络信息资源；保持一定纸质文献载体的稳定增长，保持纸质文献及网络信息资源一定的覆盖面，保持阅读性和研习性信息资源的收藏比例。

除了一般的书刊资料外，图书馆在经费条件允许的情况下，通常都会引进一些高品位的书籍，尤其是世界历史文化经典。经典书籍大多是圣贤发愤之作，是前人遗留下来的精神财富，是高雅文化的精粹，阅读经典，能够提高个人的文化素质与文化品位，这一点毋庸置疑。除了经典书籍的收藏与提供服务，图书馆还可以通过开展一系列的经典诵读活动，激发公众阅读经典的热情。

在结构更加合理的同时，资源能够得到最大限度的整合。从图书馆系统整合的理念出发，从为学科知识服务的角度出发，图书馆应全面地考虑纸质文献与数字资源的整合，使它们有效兼容并形成一个统一的用户界面，最大限度地方便读者使用，最终实现纸质文献资源与数字资源的无缝存取。

（二）资源仍以存取为主

利用互联网上免费的开放性资源，整理组织网上信息，正在成为图书馆资源建设的重要途径，这一方法投入较少又很容易见到实效。处理好"存取"和"拥有"的关系是图书馆资源建设中需要重点考虑的问题。"存取与拥有"，这一主题并不仅是计算机技术、信息技术和网络技术等催生的产物。早期的"馆际互借"应该说是存取模式的原创模式，在图书馆实践中有着悠久的历史。"馆际互借"就是对于本馆没有的文献，在本馆读者需要时，根据馆际互借制度、协议、办法和收费标准，从外馆获取；反之，在外馆向本馆提出馆际互借请求时，借出本馆所拥有的文献，满足外馆的文献需求。馆际互借实际上就是以其他馆的实体馆藏作为"存"的信息源，其"取"是通过馆与馆之间的原文献借还形式来达到共享馆外信息资源目的的。

互联网技术的迅速发展使得信息传播突破了时空的限制。互联网导致虚拟信息资源迅速增加，也为存取模式提供了新的发展空间，促使图书馆信息资源建设模式发生了结构性变革，长期固守的拥有模式迅速向存取与拥有并重的方向发展，图书馆空间结构变为由本馆现实物理馆藏和网上信息资源虚拟馆藏两大部分组成，两者共同构成图书馆信息服务的基础。现阶段出版物在数量上的增多以及在价格上的上涨，使得很多图书馆物理馆藏的年增长能力逐年下降，网络信息存取恰恰可以弥补图书馆"拥有"的不足，图书馆在更多方面将越来越依赖馆际的文献传递和对远程虚拟资源的获取。同时，虚拟资源（包括远程数据库资源、异地馆藏数字化资源、网上信息资源等）以其更新周期短、检索速度快、存取方便、不受时间空间和多用户限制等优点，越来越受到读者的欢迎。尤其是联机编目系统的成功应用，使馆际书目信息的存取时滞几乎为零。于是，在图书馆信息资源建设理论研究与实践工作中不可避免地再次出现如何合理把握"存取"与"拥有"的馆藏发展策略问题。

"拥有"模式再次引起普遍关注，但其实质似乎并无多少变化，仍然指图书馆通过收集和保存具有永久性所有权的信息资源以满足本馆用户乃至网络用户信息需求的行为。而"存取"模式由于同计算机技术、通信技术和网络技术的强力结合，在理论意义上有了一定的创新。虽然"存取"仍然可以定义为利用其他图书馆或信息提供者的信息资源来满足本馆用户信息需求的行为，但网络环境下的"存取"远不同于传统意义上的馆际互借，也不仅限于网络文献的传递。

总的来讲，存取和拥有并重是图书馆馆藏发展的最佳选择，但是受经费、技术设备等条件的限制，要求每个图书馆有大量数字资源以满足日益增长的读者需求是不现实的。因此，数字资源建设应以存取为主。

三、图书馆文献信息资源共享的现状

2008年10月，中国图书馆学会正式发布了中国图书馆界的第一个行业宣言——《图书馆服务宣言》。该宣言提出图书馆通过系统收集、保存与组织文献信息，实现传播知识、传承文明的社会功能，指出图书馆承担缩小社会信息鸿沟的使命。该宣言使用了"文献信息"一词，并在其后的具体目标中提倡图书馆开展信息资源共建共享活动，以促进全社会信息资源的有效利用。该宣言反映了文献信息资源是图书馆传播知识信息的主体要素。

资源共享是图书馆文献信息资源建设中的一个重要内容。共建共享、开放获取的目的是促进人类科学知识和信息的广泛便捷交流，促进利用互联网进行科学知识信息与科技成果的交流，提升各个领域科学研究的公共普惠信息资源的利用程度，保障科学知识和信息的临时保存和长久存储，提高科学研究的效率和科技成果的转化率。

截至2020年底，全国共有公共图书馆3 212个、美术馆618个、博物馆5 788个、文化馆3 327个、文化站4万多个、村级综合性文化服务中心57.54万个。所有的公共图书馆、文化馆、文化站、美术馆和90%以上的博物馆已经实行了免费开放，实现了"无障碍、零门槛"。国内外正在蓬勃发展的学术开放获取运动为图书馆馆藏文献资源建设中的开放获取文献资源建设提供了良好的契机，互联网为图书馆提供了巨大的开放获取文献资源的宝库。因此，图书馆在战略思想上加强了对于开放获取文献资源建设的认识，并在此基础上进行战略规划、战略设计、战略实施，从而完成图书馆开放获取文献资源建设，完善图书馆文献资源体系，改善图书馆馆藏文献资源结构，这是图书馆利用文献资源为读者和用户提供优质服务的强有力保障。

中国高等教育文献保障系统（CALIS）日益发挥重要作用。CALIS在全国图书馆数据库联合采购、文献编目、原文传递等方面发挥了巨大作用。各图书馆引进和共建了一系列国内外文献资源数据库，形成了较为完整的CALIS文献信息服务网络，可提供联机合作编目、联机公共检索、文献传递与馆际互借、统一检索、网络导航等网络化、数字化文献信息服务。人们应组织共同建设以高等教育数字图书馆为核心的文献资源保障体系，同时建设各个省级文献信息服务中心和数字图书馆基地。

此外，国家已将"高校中英文图书数字化国际合作计划"（CADAL）列入该公共服务体系。图书馆应努力建设包括文献获取环境、参考咨询环境、教学辅助环境、科研环境、培训环境和个性化服务环境在内的六大数字信息服务环境，为科研和重点学科建设提供高效率、全方位的文献信息保障与服务。

目前"图书馆知识共享空间"已成为一种新的资源共享形式。"图书馆知识共享空间"指图书馆通过利用馆舍等图书馆资源及各类现代技术、方法、制度等条件为用户提供的知识共享过程所需要的各种环境和服务，包括虚拟环境、物理环境、软硬件条件和设施、文化环境、制度环境等。

"虚拟图书馆集群"是基于互联网虚拟空间的图书馆集群，是一些彼此关联的图书馆或者相关机构利用网络技术在互联网上形成的集聚体。虚拟图书馆集群的出现，让图书馆之间打破地域界限、实现共建共享的理想成为可能。随着信息技术和通信技术的发展，虚拟图书馆集群的运作模式将日趋被图书馆界和社会接受。

四、图书馆文献信息资源数字化建设的现状

数字图书馆建设，是图书馆依托社会信息网络组织利用知识信息内容的核心模式。它涵盖了信息资源生命的全过程，即信息的生产、加工、存储、检索、传递、保护、利用等，是信息技术不断发展并在图书馆高层次应用的必然结果，是图书馆事业划时代的深刻革命。

当前，图书馆普遍开展的文献信息资源数字化建设（包括馆藏文献资源数字化建设、特色数据库建设、网络信息资源的组织与管理等）以及信息资源的共知、共建与共享活动，都应属于数字图书馆建设的范畴。不论是图书馆界，还是教育、文化、信息和网络技术界，甚至各级政府和各个行政事业单位，都对数字图书馆建设投入了极大的热情，认为数字化的文献信息资源是知识经济整个发展过程中不可或缺的基础资源，是未来科技与文化的催化剂，是评价国家信息竞争力的重要指标。

但是，数字技术在迅速提升图书馆文献信息收藏能力、文献信息加工能力、文献信息传递能力、文献信息服务能力的同时，也大大改变了图书馆传统的工作对象、方法、途径和模式，引发出一系列新的版权问题。例如，在数字环境下，图书馆合理使用具有版权的信息的范围与标准是什么，数字化图书馆将馆藏数字化后在网上发布，是否涉及版权人的再次授权，如何认识数字图书馆建设中所涉及的版权问题以及数字版权对图书馆的制约，如何正确看待图书馆在现行版权法中享有的权利和应尽的义务，如何做好数字图书馆版权问题的协调和实施版权保护对策？诸如此类的版权之争，正在成为各国立法机关面向网络环境制定或修订版权法所必须考虑的内容。

然而，国内外目前的研究大多局限于讨论数字图书馆技术突破对传统著作权的冲击，有关数字图书馆信息资源建设中涉及的版权保护的研究较少。数字图书馆将是图书馆未来发展的趋势，数字图书馆建设也是图书馆目前积极运作的内容之一。随着图书馆自动化、网络化、数字化的快速发展，数字化作品也已成为最重要的馆藏类型。在数字化资源建设与利用过程中，侵权行为与纠纷会不断增多，公共借阅权将是未来图书馆无法回避的问题。

中国作者历来"重义轻利"，注重精神上的享受，希望作品能被更多的人利用与传播，新技术则使作品的传播速度与传播范围空前提高和扩大。随着作者知识产权保护意识的提高，他们必然会在得到精神满足的同时，追求物质利益上的满足，最终会拿起法律武器维护自己的合法权益。所以，不管从保护知识产权的版权法来讲，还是从繁荣文化事业来看，实行公共借阅权制度利大于弊。

我国建立与实施公共借阅权制度还有一个同国际接轨的问题。加入世界贸易组织后，我国在知识产权保护方面遵守《与贸易有关的知识产权协定》。但是，该协定事实上主要体现的是发达国家的意志，使得包括我国在内的发展中国家的知识产权制度面临严峻考验。为此，国家对公共借阅权不会无动于衷，图书馆也不能临渴掘井，而应该未雨绸缪，进行积极的超前性研究。

第二节　图书馆文献信息资源建设的内容

一、微观文献信息资源建设的内容

微观意义上的文献信息资源建设就是各个文献情报机构对馆藏文献信息进行的规划、收集、标引、编目、组织、评价等，也就是文献情报机构根据自身的性质、任务和服务对象，按照一定的原则、范围、标准，有目的、有计划地开展文献资源建设工作。

（一）馆藏文献信息资源体系规划

馆藏文献信息资源体系规划指对一段时期内文献情报机构文献资源建设的目标、任务，以及为实现这些目标、任务所需的方法、步骤的安排和规定，是建立文献信息资源体系的蓝图和依据，对具体文献信息资源建设工作具有指导性作用。

馆藏文献信息资源体系规划就是每一个具体的文献情报机构，根据自身的性质、任务和服务用户的需要，确定文献信息资源的收藏范围、收藏重点和采购标准，提出本机构文献信息构成的基本模式。在此基础上，它们制订文献收集计划、确定入藏比例，建立有重点、有特色的专门化的文献信息资源体系。微观规划在实践上表现为短期规划，包括年度计划、季度计划等，是文献资源建设的具体实施计划。每一个文献情报机构都要收藏一定学科范围的文献。

（二）馆藏文献收集

馆藏文献收集指文献情报机构按照文献资源建设的方针、原则和标准，对众多的文献进行了解、鉴别、分析、判断，从中选择出适合本单位文献资源建设目标和文献用户需求的文献的过程。无论哪一个图书馆，哪一个文献情报机构，其业务工作都是从文献采访工作开始的。文献采访是整个图书馆工作的基础。

(三)馆藏文献标引

馆藏文献标引就是依据一定的文献标引规则，对入藏文献的学科内容和文献的其他特征进行分析和主题描述，并以标识符号作为检索标识揭示文献的工作过程。文献检索是图书馆和文献情报机构开展文献信息服务的重要手段，文献检索系统是文献检索的基础。要建立文献检索系统，就要对大量的无序文献进行整理并加以保存，使其形成有序的文献集合。这个过程就是对收集入馆的每种、每篇文献信息的内容特征和外部特征进行分析，确定其检索标识，并按一定的顺序加以组织排列的过程。

(四)馆藏文献编目

馆藏文献编目就是根据一定标准或规则对文献内容和形式特征进行分析、选择和记录的过程。编目狭义为著录的同义词，广义还包括将著录形成的各条款目按一定原则与方法组织成各类目录的过程。编目按内容可分为描述编目和主题编目。描述编目是对文献实体形态的客观描述；主题编目则是对文献进行内容特征的分析，并决定其主题标目和分类号。主题编目通常被称为"分类标引"和"主题标引"。

(五)馆藏文献组织

馆藏文献组织的中心内容是对馆藏文献进行合理布局，即组织各种不同的文献库。馆藏文献的布局应保持相对稳定，同时也应根据变化的情况进行相应的调整，但变动不宜过于频繁，以免影响保管和利用。文献库的组织源于对文献的划分，较大的图书馆一般将馆藏文献划分成若干个不同部分，如图书和期刊，普通书与线装书，常用书和非常用书，综合性图书和专业性图书，纸质文献与音像文献、缩微文献等。图书馆在划分馆藏文献的基础上，分别组织不同用途的文献库。馆藏文献组织受多种因素影响，如文献借阅制度、空间与设备条件、藏书与读者特点、图书馆馆员的业务能力和管理水平等。此外，馆藏文献组织还在很大程度上受传统习惯影响。

(六)馆藏文献评价

馆藏文献评价是对图书馆现有藏书体系具有的各个属性进行检测、做出评判的过程。从某种意义上说，图书馆的选书和旧书的剔除也是评价性的活动，但选书和旧书的剔除主要着眼于对每一种具体的文献进行价值判断，而馆藏文献评价则是对整体文献而言的，是对整个文献收藏体系的评价。

二、宏观文献信息资源建设的内容

宏观意义上的文献信息资源建设就是一个地区、一个国家，乃至国际众多文献情报机构对现有文献资源的规划、收集和收藏，形成整体文献信息资源结构体系的过程，即从宏观上制定目标和规划，进行协调和分工，以指导各文献情报机构的文献收集工作，使其突出各自优势，形成比较完备的收藏体系，从而建立起一定范围内的文献信息资源保障机制。

文献信息资源建设不论属于哪个范围，一般都包括以下几个方面的内容。

（一）宏观规划确定目标

宏观规划，就是从一个系统、一个地区，乃至全国出发，对文献信息资源建设进行统筹规划、合理布局，制定各文献情报机构之间在文献收集、存储和开发利用方面的协调规划，从而形成相互依存、相互联系的整体化、综合化的文献信息资源建设的总方向、指导思想、最终目标等，解决文献信息资源建设中的根本性、全局性和长远性的大问题。长期规划，通常有三年规划、五年规划等，主要用于确定规划期内文献信息资源建设的发展目标、任务及其实现的途径。

（二）资源状态调查分析

资源状态调查分析主要是对各地区、各系统、各文献情报机构现有文献资源状况进行调查、分析和研究。人们应对一定范围内所藏文献信息的类型、所属学科、语种、数量、分布情况、利用情况，以及其对决策和研究的保障和支持情况等进行详细的调查，并对此进行分析研究。

（三）建立管理协调机构

建立管理协调机构是整体化文献信息资源建设的前提条件。无论是国家的管理机构还是地区性的管理机构，都必须具有权威性和协调能力，同时还有按系统或地区确定协调机构的成员单位，以便建立各种协调、协作的工作关系。对参加单位的数量在原则上不应限制，但参加单位必须具有馆际互借、网络联机和直接阅览等功能，重点单位应该是具有一定收藏特色的文献情报机构。各参加单位一般都要订立协议，明确文献收集的分工与合作。管理协调机构应有适当的经费资助，但不能减少各馆本身的经费或其他渠道的经费。

（四）资源建设评估评价

图书馆应定期进行文献信息资源建设评估活动。图书馆主要利用各权威、核心的文献目录或馆藏目录及文献数据库、机读目录，运用一致的标准和方法，对一定范围内的馆藏文献信息状况和使用状况进行定量、定性分析，做出评价，找出存在的问题，以便进一步完善。

第三节　图书馆文献信息资源建设的原则

一、思想性原则

在文化建设的过程中，图书馆承担着十分重要的责任。图书馆为社会服务的物质基础是馆藏文献资源，而馆藏文献资源是通过图书馆自身的文献资源建设构建起来的。图书馆在文献信息资源建设中应主动适应社会主义文化建设的基本要求，收藏有利于人们树立正确的世界观、人生观、价值观，形成良好社会公德的文献资源，如学术价值和艺术价值高的文献资源，并要充分发挥馆藏文献资源对人们世界观、价值观及行为方式形成的积极作用，以体现馆藏文献信息资源建设为社会主义文化建设服务的思想性原则。

二、实用性原则

对于现代图书馆来说，文献信息资源建设工作首先应遵循实用性原则。图书馆对人类文化知识进行保存，是为了让它在读者中得以利用，在利用中实现人类文化知识的价值和图书馆文献信息资源建设的价值，满足读者对文献的需求，最终实现图书馆的社会效益。"藏以致用"是现代图书馆区别于古代藏书楼的最大特点。

（一）符合本馆方针和任务需要

不同类型的图书馆、文献情报机构共同构成了整个国家的图书情报系统，在这个系统内，各图书馆、文献情报机构的建设方针及其所担负的为社会服务的主要任务也不一样，而这些不同成为各类型图书馆具体进行文献信息资源建设的主要依据之一。因此，各图书馆、文献情报机构应根据本单位的任务、服务对象，确定文献资源收集的范围、重点、特色、结构等，建立起符合实际需求的文献资源体系。

（二）符合区域建设的需要

图书馆收藏的文献只有通过读者的有效利用，才能实现其价值。不同类型的图书馆，特别是公共图书馆，必须面向社会、面向经济建设和本地区文化建设的发展。因此，不同类型图书馆的文献信息资源建设也必须符合本地区经济建设和文化建设的需要。特别是公共图书馆，为了更好地服务于本地区的经济建设和文化建设，必须针对本地区的实际需求，结合本地区经济建设的方向、重点，收藏符合本地区经济建设、文化建设的现实需要和长远规划需要的各类文献，从而形成馆藏特色和馆藏重点，并做好服务工作。

（三）符合读者实际需求

读者是图书馆的服务对象，图书馆的任务是通过读者对文献的有效利用来完成的。不管是为经济建设、文化建设服务，还是为科研教学服务，都是为了满足不同读者的需求，因此，图书馆的文献收藏必须和读者的需要相结合。如果图书馆收藏的文献脱离了读者的实际需要，读者的要求得不到满足，读者在图书馆找不到他要利用的资料，图书馆的服务质量就难以得到保证。各家不同类型的图书馆都存在着自己特定的读者对象，虽然某些企业图书馆和学校图书馆的读者对象比较单一，但对整个读者群来说，可以从读者对文献需要的角度，把图书馆的读者分为几种类型：专家型的读者、求知型的读者、普通消遣型的读者。这些不同需求类型的读者，对文献的需求在内容形式方面、文献所涉及的范围与重点方面都有所不同。

三、系统性原则

系统性原则是在实用性原则的前提下展开的。系统性原则包括两方面的含义：一是指重点文献收藏的系统性、完整性；二是指所有文献收藏的学科系统性、有机连续性、比例合理性、结构体系科学性。

图书馆文献收藏系统是由相互联系、相互依赖的诸多元素组成的具有特定功能的有机系统。图书馆通过长年的积累和不断的科学加工整理，形成了一个科学的知识体系，这个知识体系反映的学科知识也在不断地完善，逐步形成一个完整的学科系统。因此，图书馆的文献信息资源建设必须遵循系统性原则，这是建设高质量文献信息资源体系的重要保证。文献信息资源建设的系统性原则主要体现在以下几个方面。

（一）文献自身的连续性原则

文献自身的连续性主要表现在以下两个方面。

1. 文献出版的连续性

在文献的出版过程中，出版发行部门将根据各类学科的发展有计划地出版各类知识的文献，并保持文献的连续性。例如，各类丛书、丛刊、报刊等连续出版物，总是逐年逐月甚至逐日按时出版的。图书馆在收藏这种连续出版物时，要根据实际情况制订长期的计划，保持文献自身的连续性，为读者利用完整的文献提供有利的条件。

2. 文献知识内容的系统性

知识本身具有系统性，任何门类的学科知识都是人类不断探索、积累、总结的智慧结晶，其经过不断发展，逐步形成了本学科完整的知识体系。随着人类社会的进步，各门学科的发展，各门类知识相互渗透、交叉，形成了大量的边缘学科、交叉学科、横断学科，从而形成了一个纵横交错的客观知识体系，其贯穿在浩如烟海的文献之中。

要科学完整地反映文献知识内容内在的系统性，必须在数量众多的文献中对相关的文献进行系统的选择、补充、调整、组织，使图书馆收藏的某学科知识的文献能真正反映学科的发展历史、现状和远景。这类文献的收集需要采购人员密切关注出版动态，随时了解学科发展的动向，使某一学科的文献尽量得到系统的收藏。

（二）学科自身的完整性原则

随着现代科学技术的发展，人们对自然和社会的认识水平越来越高，各类学科的发展越来越完善，学科发展趋向有两个方面：一方面是更加专业、尖端，学科划分越来越细；另一方面是与其他学科的联系越来越密切，形成交叉的边缘学科。因此，图书馆对各学科知识文献的收集，应注重这些学科内在的连续性和完整性，反映出学科发展变化的特点和规律，反映人们的客观认识过程；同时，也应注重该学科和其他学科的联系，广泛收集具有代表性和权威性的著作及有关的评论。某一学科文献收藏的完备程度是该学科馆藏质量高低的重要反映。

（三）图书馆自身文献收藏的完整性原则

图书馆馆藏文献对各学科知识反映得越完整，文献保存和使用的社会价值就越大。从科研、教学的角度上看，图书馆对文献收集得越系统、全面，越能体现出其对教学、科研的学术价值。从保存和社会需求的角度看，图书馆对文献资源收藏的系统性、全面性、完整性，更能体现出文献的保存价值和社会利用作用。

如果图书馆对某类学科文献的收藏在内容上不完整，那么读者对它的利用率就低，文献的社会价值也就小。因此，图书馆要根据本馆的任务，主要是读者的需求，结合本地区的经济建设和科学研究的重点，对某些学科门类的文献按学科内容完整、系统地收藏。

四、计划性原则

文献资源建设经费对图书馆而言都是有限的，合理使用有限的经费，是图书馆文献资源建设的关键。

图书馆应根据科研发展的需要及图书馆的任务，制定出一个时期内馆藏文献资源发展的规划。图书馆应对馆藏数量目标、购书质量、特色目标做出具体的规定，对各类文献的选择标准、复本量和经费预算等也应有所确定，以便合理安排文献信息资源建设经费，提高文献资源质量，保持馆藏活力，使文献信息资源建设能有计划、有目的、有步骤地进行。

五、特色化原则

特色，是事物独特风格的表现，是一事物区别于其他事物的显著特征。文献收藏的特色，是文献收藏机构根据本身的任务，在多年文献收集的实践中形成的独具特色的文献信息资源收藏体系。

特色化文献收藏意味着依据图书馆类型、任务、收藏范围、读者对象等特点，对文献收集采取区别对待的方式，使图书馆文献资源从内容到结构能最大限度地满足读者的实际需求。

文献收藏特色包括文献学科专业特色、文献地域特色、文献类型特色、文献语种特色、文献载体特色、电子文献和网络文献特色等。

网络环境下文献信息资源的特色化建设更显重要，图书馆应改变小而全、大而全的传统图书馆文献资源建设模式。网络时代，图书馆必须加强特色信息资源的建设，特色化将是图书馆的生存之本。如果某一个图书馆的信息资源被特定网络中其他成员馆的信息资源全部覆盖或最大限度地覆盖，则它的生存价值就会大打折扣，甚至失去生存价值。

六、经济性原则

我国非常重视文化事业的建设，目前逐步加大了对文化事业建设的投资力度，但对图书馆事业的投资相对于全国人口的实际需要来说，是非常有限的。因此，文献信息资源建设工作必须坚持经济性原则。

图书馆进行文献信息资源建设遇到的最大的难题就是资金短缺。绝大多数图书馆的文献购置经费来源于政府拨款，图书馆的文献购置费相对于图书馆事业的发展、读者的需求、图书价格上涨等因素来说，专属经费比较有限。

图书馆应大量收藏信息含量高的文献，在满足绝大部分读者需求的基础上，以较少的经费求得最好的实际效用。同时，各种载体特别是电子图书、数据库和网上虚拟文献的迅速发展，也给文献的采集带来许多新问题。目前，许多电子出版物文献信息含量大而价格低廉，这无疑给那些计算机硬件设备较完备的图书馆带来了一个用较少的经费采集内容含量更多的电子读物的机会。

七、区域性原则

区域性原则在许多方面表现为图书馆文献信息收藏的地方特色。馆藏文献信息资源的地方特色是一个图书馆的馆藏文献资源区别于其他图书馆馆藏文献资源的主要特征。尤其是公共图书馆，应根据本地区的地理、历史、经济和文化特点，对有关本地区的正式和非正式出版的文献资料完整系统地收藏，从而形成自身的特色，包括地方史料、地方名人的著述及他们的传记、地方出版物等。

地方文献是各图书馆，特别是公共图书馆为本地政治、经济、文化、科学、教育各项事业服务必不可少的物质基础。因此，各个地区的图书馆应重视并积极做好地方文献资源的收集工作。

八、发展剔除原则

新陈代谢是一切事物生存发展的客观规律。图书馆作为一个向读者和社会开放的系统，其馆藏文献资源本身就是一个动态的系统，在不断地进行着新陈代谢活动。

1974年，图书馆学家丹尼尔提出了"藏书零增长理论"，该理论认为图书馆发展到了一定的规模和水平，就应该控制藏书增长的速度，即在入藏新书的同时，相应地处理利用率近乎零或无保留价值的图书，从而使藏书的增长接近于零的水平，因此其也称作"零增长理论"。20世纪80年代"零增长理论"被介绍到我国，它对我国图书馆文献信息资源建设的改革，起到了积极的借鉴和引导作用。

发展剔除原则就是要求图书馆深刻认识"零增长理论"中所包含的积极意义，围绕学科建设和教学科研全面发展这个中心，努力去探索一条从总量控制（对馆藏发展规模进行有效调控）入手来提高馆藏管理水平的途径。图书馆应重视藏书剔除工作，通过优化馆藏结构、调整藏书布局、整合藏书空间等有效手段来保障馆藏文献的动态平衡，努力实现低增长、高效益的文献资源建设目标。

九、合作与协调原则

网络环境下，各图书馆不再是单独的个体，单独的图书馆也没有生存的空间。各图书馆之间是有机联系的整体。没有合作与协调，文献信息资源共享将不可能实现。计算机技术、网络技术、通信技术的发展为图书馆加强合作与协调提供了越来越便利的条件。图书馆现在要做的是从根本上转变观念，以合作与协调理念为行动指南，积极参与图书馆网络建设。

全国性图书馆网络的建成，有利于更好地实现文献资源的整体化建设。另外，国家要从宏观上统一规划、统一协调，国家图书馆等中心图书馆和各省市图书馆学会要起协调作用，推动国内图书馆之间合作。网络环境下的文献资源建设是一项复杂的系统工程，不仅需要耗费巨资，还要有较强的技术力量，因此仅仅是图书馆之间的合作是不够的，图书馆还需要与计算机公司、信息公司、政府部门等合作，实现资源的重组和整合。

十、共建与共享原则

网络中的图书馆可以也应该共建信息资源和共享信息服务，网络图书馆的实质就是文献信息资源的共建和共享。各图书馆应在合作与协调的基础上，达成文献信息资源的共建与共享协议。只有这样，才能发挥文献信息系统的放大作用，提高文献资源的保障率。

中国高等教育文献保障系统（CALIS）为人们提供了很好的范例；中国国家试验型数字图书馆计划也提倡多馆合作共建共享。

中国国家试验型数字图书馆计划展开的同时，各地区文献资源共建共享工作也在开展。各馆本着合作精神，明确各自的权利和义务，分担建库的人力、物力、财力，共享所得的利益，建立文献信息共建与共享机制。

CALIS 管理中心设在北京大学，下设文理、工程、农学、医学四个全国文献信息服务中心，华东北、华东南、华中、华南、西北、西南、东北七个地区文献信息服务中心和一个东北地区国防文献信息服务中心。

从 1998 年开始建设以来，CALIS 管理中心引进和共建了一系列国内外文献数据库，包括大量的二次文献库和全文数据库；采用独立开发与引用消化相结合的方式，主持开发了联机合作编目系统、文献传递与馆际互借系统、统一检索平台、资源注册与调度系统，形成了较为完整的 CALIS 文献信息服务网络。

第四节　图书馆文献信息资源建设的策略

一、提高图书馆工作人员的素质

图书馆工作人员是读者与图书馆之间知识信息传递的一个重要桥梁。因此，图书馆的工作人员要从思想上彻底更新服务观念，始终把为读者提供优质高效的信息服务放在第一位，站在读者的角度去看问题，树立主动服务意识，与读者主动进行信息交流与沟通，更要注重培养自身信息素养。

面对现代信息技术网络环境，图书馆工作人员不仅仅是文献管理者，更应向复合型人才转变，这就对图书馆工作人员的专业素质修养提出了更高的要求。如进行用户需求研究，应用现代信息技术为用户提供检索、咨询、文献传递等服务，必须具有较强的信息意识和创造性思维方式；有出众的对信息综合分析的能力；有较丰富的图书情报专业知识；有娴熟的计算机操作技能和较高的外语知识水平；有较强的信息开发和读者培训能力；有良好的人际关系协调能力。

图书馆工作人员的素质高低直接影响文献信息资源建设质量的好坏和图书馆利用率的高低。目前部分图书馆工作人员的综合素质并不高，因此，面对图书馆的发展转型，读者需求的不断变化，在图书馆文献信息资源建设中，图书馆应采取相应的措施，提高图书馆工作人员的整体素质。

图书馆要严格按现代专业人才标准来招聘工作人员，同时也要加强对在职馆员的培养和教育，使图书馆的文献服务工作整体水平得到真正的提高。一是合理利用业务学习时间。图书馆应制订一个学习计划，鼓励馆员学习新知识、新技术。二是馆员的继续教育可以采取多种形式进行。图书馆应给部分工作业绩较突出，工作业务能力较强，且具有发展前途的馆员提供继续教育的平台，创造学习条件。如鼓励馆员进行在职教育学习，分批次去参加短期培训和学术交流活动等。三是实行岗位轮换制度，对馆员进行不同岗位的培训，从而强化馆员的适应能力，提高馆员的工作能力和整体素质，使馆员了解图书馆的每个工作流程，让馆员能够胜任图书馆各种工作。四是建立长期的激励和竞争机制，促进在职馆员素质的提高。只有高素质的图书馆工作人员才能适应相应的职位变化和职位要求，才能为读者提供优质的服务，读者才会需要图书馆。

二、加强读者信息素质培养

针对读者信息素质问题，图书馆应将读者信息素质教育作为重点工作来抓，加强与读者的沟通，增强读者的信息意识，提高读者利用信息的能力。根据工作实际和调查结果看，仍有部分读者对图书馆的功能和馆藏文献信息资源了解不够深入，不使用或不会使用电子资源。图书馆必须进一步培养读者的信息意识和信息能力，帮助读者了解并有效使用图书馆的文献信息资源，主要采取开设"文献信息检索与利用"课程、开展数据库读者培训活动、举办专题讲座等方式。

读者对图书馆的了解程度，也直接影响着其对图书馆使用的水平。为了进一步开发和利用馆藏文献信息资源，提高读者利用率，就要加大宣传图书馆功能的力度。图书馆应根据读者需求与馆藏资源情况开设相关讲座，通过多种途径帮助读者尽快了解图书馆的性质、作用、规章制度、服务功能、藏书结构、分类体系，以及利用图书馆的方法等。图书馆应通过网页及时地把新引进的数据库介绍给读者，宣传优秀、特色馆藏文献，传播文献信息，指导读者了解图书馆馆藏电子资源的分布。宣传有利于图书馆在整个社会范围内营造一种信息就是价值、知识就是力量的氛围，加深读者对自身的了解，提升自身的知名度，密切与读者的关系，满足读者的需求，为文献信息资源建设和利用打下坚实的基础。同时定期地开展"读书节""读书周"等活动，可促使读者更多地利用图书馆，增进对馆藏文献信息资源的了解。

此外，针对不同的模式特点，图书馆应采用信息资源动态报道、多渠道信息发布等服务方式来主动为读者提供各种信息，让读者及时了解图书馆的动态，从而提高图书馆的利用率和满意度。不然的话，光靠文献信息资源建设，不去引导读者利用，会造成文献信息资源浪费现象，文献信息资源建设的质量将无从谈起。

为了使所有读者都真正掌握信息获取的能力，充分有效地利用图书馆各类信息资源，图书馆应重视并加强对学员的信息素质教育。图书馆还应对读者进行多种类型的培训，最主要的是开展数据库使用方面的培训，讲解各种数据库的不同检索方法和操作技巧，如怎样利用网上书目快速查询所需信息，如何搜索与查询互联网上的信息，以及讲授一些信息安全知识，使教学紧密结合实践，结合最新、最广泛利用的信息技术与信息资源，提高读者利用信息的能力。

图书馆馆藏电子信息资源的利用率不高，与读者信息素质有关。图书馆需要进一步加强数据库导航的作用，对每个数据库进行具体化的文字说明，使读者能够直观迅速地了解各个数据库的特点和侧重点；完善检索功能，从而引导读者更快捷和更准确地找到其所需信息。图书馆通过这项工作可以使读者了解馆藏信息资源分布情况、自身各项功能和服务，从而可提高文献信息资源的使用率。

三、做好文献采访工作

文献采访工作是图书馆文献信息资源建设的一项基础性工作，其质量直接决定了图书馆藏书的质量及馆藏结构的质量，决定了图书馆提供各项服务的水平，从而影响着图书馆文献信息资源建设的效果。

（一）加强采访队伍的建设

现代科技快速发展，信息资源不断地发展和变化，文献信息量剧增，学科之间相互交叉，传统的文献采访方式已经不能满足各个图书馆文献采购的要求，现采、网购等新的采访方式相继出现。采访新模式缩短了购书周期，提高了工作效率，但也暴露出许多图书馆采访队伍存在的问题，如采访力量不够，采访人员素质不高、知识结构不合理、工作责任心不强等。解决以上问题最有效的办法就是图书馆要加强对采访人员的教育培训，使采访人员及时更新知识、更新技能、提高自身素质，真正从单一型人才成长为集多种知识和技能于一身的复合型人才。

1. 调整采访人员结构

由于历史的原因，许多图书馆的采访人员学历结构参差不齐，而且大多数人员都是图书情报专业毕业的，对采访相关的专业知识不太了解，以致图书馆的队伍结构不合理，部分采访人员的素质偏低、知识水平不高、责任心不强，采访中多凭自身的经验来判断，给采访工作带来偏差，无法保证文献采访质量。因此，图书馆应及时调整采访人员的学历结构和知识结构，有计划地通过引进、选拔、培养等方式让具备较高的思想素质、职业道德素质，有较强的事业心和责任心，有良好的语言沟通能力和社会活动能力，学历和专业水平较高的人员开展文献采访工作，以减少订书的随意性和盲目性，提高采访质量，更好地满足相应的科研需要。

2. 加强对采访人员的思想素质教育

图书馆是建设精神文明和物质文明社会，进行爱国主义教育的中心，其所收集的文献资料不允许有不健康的作品，必须是优秀的健康的思想政治、文化艺术、科学技术等方面的作品。这就要求图书馆通过学习、培训等方式加强对采访人员的思想素质教育，让他们树立正确的世界观、人生观，热爱图书馆事业，安心本职工作,热情为读者服务,把满足读者文献需求和科研需要作为自己的目标追求,用购买的优秀作品去潜移默化地影响读者。

3. 提高采访人员的素质

采访人员素质的提高是一项长期的工作。采访人员的素质一定要满足时代发展的需要。随着用户需要层次的提高、图书馆规模的扩大、文献种类的增多、文献内容的加深,我们对采访人员素质的要求也越来越高。采访人员必须具有广博的知识,通古博今,掌握一定的外语知识和计算机技术,能够熟练运用计算机进行图书管理和信息分析。

为此,图书馆可通过学历教育、培训、请专家来馆讲座等方式,有计划地对采访人员进行图书馆专业知识、相关学科专业知识的培训,提高他们的业务素质,完善他们的知识结构,从而提高文献采访的质量。同时,图书馆可通过培训、讲座、读者调研,让采访人员明确图书馆的性质、任务、服务对象,了解馆藏结构和读者的文献需求倾向,从而减少文献采访的随意性和盲目性。

4. 加强采访人员组织协调能力的培养

图书馆采访工作头绪纷繁,涉及面广,采访人员经常需要与读者、书商等进行沟通和交流,协调处理各项采访事务,没有一定的社会活动能力和组织能力,是不能胜任采访工作的。因此,图书馆在重视采访人员思想素质和业务能力培养与提高的同时,也要重视采访人员的社会活动能力和组织协调能力的培养与提高,为他们轻松自如地与同行、读者、书店等沟通营造和谐的氛围。

除此之外,图书馆还须重视采访人员的健康状况,这是进行各项业务工作的前提。采访新模式要求采访人员要经常出差到外地现采,没有良好的体质和充沛的精力是很难完成采访任务的。

总之,新时代,图书馆应及时地调整人员结构,加强对采访人员的教育与培训,让采访人员在掌握图书情报知识的基础上,有良好的语言沟通能力,了解和掌握更多学科的知识,具备较高的思想素质、职业道德素质,有较强的事业心和责任心,有强健的体魄。只有这样,图书馆才能采购高质量的、满足科研和读者需求的文献资料,从而提高自身的服务水平。

(二)设置专门的读者需求调研与分析机构

为保证馆藏文献资源的质量,图书馆就必须重视文献采访工作,提高文献采访质量,这就需要高素质的专业采访人员进行充分调研,做好文献采访前的准备工作。采访人员首先必须了解馆藏现状，对本馆馆藏的构成情况、馆藏特色及各类馆藏的收藏比例有全面的了解，并能够客观地分析馆藏状况，做到心中有数；其次要对读者的需求进行调研与分析，满足读者的需求，这是做好采访工作的关键所在。

对读者的需求进行研究，满足读者的需求，以读者的需求为第一考虑要素，是图书馆文献采访工作的出发点和归宿，也是图书馆做好文献信息资源建设的前提和保证。目前部分图书馆尚未设置专门的对读者需求进行调研与分析的部门，尚未建立常规性的读者需求调研与分析制度，缺乏对读者的类型、阅读目的、专业知识、信息检索能力、借阅习惯等信息的了解，这就使得图书馆不了解读者的需求，从而无法有针对性地开展各项工作，尤其对文献采访工作造成了不利影响。图书馆的读者群组成十分复杂，需求的侧重点也各不相同，所以图书馆应设置专门的读者需求调研与分析机构，促进采访人员与读者交流沟通，对读者信息及文献信息需求开展广泛的理论研究和调研活动，从而为读者提供所需的专业文献和课外读物。

采访人员要防止盲目性和主观随意性的文献采访，保证文献资源的质量，确保采访文献能够切合时代发展的需要，满足读者的实际需求，使文献信息资源得到有效利用。这就要求图书馆通过各种方式广泛地收集读者有价值的文献采访意见和有效的反馈信息。

采访调研工作要做到经常化、深入化。采访人员应通过定期对计算机系统提供的各方面数据进行综合分析，了解各种文献信息资源的利用情况，并在读者问卷调查的基础上对读者的需求状况进行分析和研究，掌握读者的阅读倾向和对文献的需求规律，制订科学合理的文献采访计划，定期进行专业文献资源的采购，真正做到所购文献资源都是读者最需要的。

特别是在社会快速发展环境下要进行大规模采购就一定要调研读者的特定文献信息需求，认清时代变化规律，这样才能从根本上保障文献采购质量，馆藏的文献利用率也会随之提高。随着现代信息技术和网络技术的发展，读者需求呈现出多样化、个性化及复杂化的特点。面对读者不断变化的需求，采访人员必须及时与读者进行沟通和协商，及时调整文献的采访计划，进一步提高采访的针对性，并将文献采集工作与读者服务工作相结合，为读者提供其所需的各种文献信息资源，最大限度地满足读者的需求。这是做好采访工作的关键所在，也是读者需求对于图书馆文献信息资源建设的意义所在。

（三）建立科学合理的文献采访制度

高素质的专业采访人员会先对读者需求进行调研与分析，了解用户的需求情况，以及馆藏情况，然后再进行文献的采访工作，这样所采购的文献信息资源的质量基本上是可以保证的。但面对种类繁多的各学科专业文献，单靠采访人员进行采购，而没有学科专家的支持和配合，要想保证图书馆采访工作的高质量是很困难的。

因此，图书馆应请各学科专家参与文献采访工作，利用学科专家的专业特长对图书馆文献采访工作具有非常重要的意义。请各学科知名专家开列各学科专业推荐书目，请专业人员围绕用户需求提供参考书目，图书馆应积极配合，以最大限度满足广大读者的文献信息需求。但是，各领域的专家只了解与本学科相关的文献信息资源，并不了解图书馆的馆藏整体现状，在文献采访推荐中会存在一定的偏颇性，缺乏对文献信息资源建设的整体把握的能力，容易造成一些书目收藏过多，一些书目收藏较少，出现文献资源重复购置等现象。这就需要图书馆采访人员在采访过程中协调和把关，适当地增加专业文献，在最大限度满足读者需求的同时兼顾馆藏结构的合理性，提高馆藏文献信息资源建设的质量。

由于读者需求的文献信息资源内容越来越广泛化、载体越来越多样化，相应的图书馆的采访方式也趋于多样化。采访人员除了要进行传统文献信息资源的采访外，对电子信息资源的调查分析、评价、筛选等也成为采访工作的主要内容。

在新时期网络信息环境下，为了适应教学科研需要，图书馆必须做到传统的采访模式与网络信息化的采访模式相结合。图书馆应根据文献类型采用不同的采访模式，采访模式要灵活多样。目前常用的采访模式有纲目订购、书目预订、现场采集、网络采购等几种。总之，只有开拓书源，广泛搜集图书信息，才能保证图书的采全率。从最大限度满足读者需求、有效控制馆藏质量的角度出发，图书馆现阶段的采访宜以纲目订购为重点，以书目预订、现场采集、网络采购为补充，采用多元联合的采访模式，使采访工作更为合理。

图书馆文献采访工作是馆藏文献信息资源建设的基础性工作。图书馆应把新书目信息发布在图书馆网页上，让读者参与新书的选购，并组织学科专家、优秀读者到书店进行现场采购。读者可以把推荐书目放在图书馆网页上，采访人员再根据馆藏情况对采访工作做出相应的调整。图书馆坚持实用性原则的同时还应兼顾读者具体的文献需求，力求选择学术质量较高的较权威的专业文献，对一些国家级出版社的文献进行重点采购。让读者参与文献采访工作，科学地选用网络环境下的多元化采访模式进行采购，有利于提高馆藏文献信息资源建设的质量，可最大限度地满足读者的需要，更好地为科研服务。

四、重构图书采购模式

图书采购是图书馆整体工作的重要组成部分。采购工作的好坏直接关系到图书馆藏书建设水平的高低，尤其在目前书刊经费紧张的情况下，图书馆片面追求数量的藏书观念既不现实也不合时宜。藏以致用的现代管理思想要求图书馆应根据本馆读者需要，精选图书、优化馆藏，在提高馆藏文献质量的基础上提高服务水平。采购部门如何合理地利用图书经费，购买价值高、内容新的图书，提高藏书质量，满足读者的需要是目前要解决的一个问题。现在，部分图书馆仍采用出版社—书商—图书馆的购书模式。这种延续至今的传统购书模式，已明显不适应现今出版行业的市场化发展，对现代图书馆而言，这种采购模式根本无法满足其发展需要。

我们知道，现在大多数图书馆购书都是通过书目预定的。采购人员从书目中挑选本馆所需的图书，制作订单，将订单发给书商，由书商去进货。从征订到新书到货，一般需要一两个月不等，遇到特殊情况有些图书到货需要一年。有时有些图书因征订数未达印量，出版社就会延期或取消出版。这些信息图书馆采购人员是不清楚的，等获得书商的反馈信息后，采编部门的工作量就会相应增加，对这些未出版或未到的图书，采购人员就要重新处理。由于图书馆采购人员直接与书商联系，在购书的全过程中，具体出版信息采购人员几乎不知道，只有听从书商对购书过程的解释，这样采购质量就不容易把控。

随着互联网的不断发展，数字阅读、移动阅读已成为全民阅读的重要组成部分。图书馆既要结合本馆特色以及服务对象特性采购纸质文献，以满足公众对文献资源的需求，同时需进一步加大对数字资源采购的力度。例如，图书馆可采取联合采购的模式，从出版机构直接获取电子文献资源，加强与出版发行机构合作，通过业务整合与主动对接，提高文献信息资源建设水平。

图书馆应重构文献信息资源采集模式，明确资源采集目标、方法以及原则，调整传统文献信息资源采购方式，注重网络资源获取围绕地方特色馆藏资源建设与服务目标，强化对重点学科领域文献资源与专题文献资源的征集，注重地方文献的采集、非正式出版物的采集以及珍贵文献竞拍访购等；推动特色文献信息数据库的构建以及图书馆公益讲座、展览等服务性资源的数字化开发。

此外，图书馆可进一步创新网络运作模式，始终坚持以读者需求为中心，利用大数据、云计算等技术推动线上线下融合服务的发展。图书馆应构建互联网文献借阅服务平台，充分发挥读者在文献信息资源建设中的积极作用。

五、合理使用购置经费

文献经费决定了图书馆的馆藏发展规模、馆藏结构、资源类型，以及图书馆满足读者需求的程度。随着数字资源的急剧增加，服务网络化程度的不断提高，文献需求多元化等趋势的呈现，图书馆馆藏文献资源结构发生了巨大变化。面对新趋势、新变化，如何让有限的经费发挥最大的作用？图书馆特别是经费紧张的地方图书馆需要加强对文献购置经费的管理，合理使用文献购置经费，有计划、有针对性地购买文献，满足不同层次读者的文献需求。

图书馆应组织专门人员（一般由主管馆长、文献信息资源建设部主任、采访人员组成）制订年度文献购置经费使用计划，该计划提交图书馆学术委员会审议通过后执行。在制订经费使用计划时，应坚持重点优先、合理分布、互为补充、需求满足的原则；凡是与重点用户需求相一致的文献资源首先要得到保障，并保证文献购置经费在各文献资料之间的均衡，纸本资源与电子资源的互补。图书馆应对高利用率资源进行补充，切实加强对文献购置经费的管理。

文献购置经费使用是否合理，是通过使用效益评估来确定的。经费使用效益评估就是计算经费的投入产出效益，图书馆根据使用效益评估可以了解不同类型文献的经费投入与利用现状，有利于及时调整资金的流向。目前，许多图书馆仍然以读者满意度调查法作为主要的评估方法，也有图书馆以文献采全率、采准率、流通率为评价指标，以专家评估法、电子资源使用量统计法等方法作为评估方法。但是由于采全率和采准率的实际操作性不强，简单地量化很难体现各项目标任务的价值及合理性，图书馆要做出精准的经费使用效益评估比较困难。为此，各大图书馆正在积极探索寻求更好的评估办法。

六、加强数据库的建设

（一）建设书目数据库

书目数据库是开发馆藏资源的基础数据库。书目数据库是图书馆全面实现网络化、自动化的基础，是提高图书馆管理水平和质量的前提。

图书馆只有建立比较完善的书目数据库，才能实现各项工作的自动化、网络化；只有建立高质量的书目数据库，才能深层、全面、细致地揭示馆藏文献信息，并通过计算机为用户提供高效、优质的信息服务。

建设书目数据库是信息资源共享网络建设中一项复杂而且繁重的基础工作，书目数据库建设的好坏直接关系到联机书目检索、联机合作编目、联机采访等网上功能是否能够顺利实现。目前，我国各图书馆很多只是从本部门本系统出发去建设书目数据库，只满足于自建自用的要求，存在着大量重复、检索点少、不规范、不标准、兼容性差等问题。

建设书目数据库的方式通常有三种：一是自建；二是购买标准书目数据库；三是套录和自建结合，有标准书目的购买，没有标准书目的自建。

我国目前的图书集成管理系统基本上都提供了套录和自建的功能。书目数据库的建设包括回溯书目数据库和增加新数据库。在书目数据库的建设中质量是关键，图书馆要严把质量关，选取正确的数据，采用统一编目规则，对数据库的质量提出具体的要求，严格要求工作人员，保证书目数据的规范、科学、标准。另外，图书馆一定要从实际出发，客观地衡量全局和自身水平及能力，以保证书目数据库建设的规范化、科学化、标准化，从而达到共建共享的目的。

（二）建设文摘索引数据库

图书馆应加快信息传递，提供深层次的信息服务，对馆藏进行更深入、更全面的揭示，建设文摘索引数据库，形成书目数据与二、三次专业特色数据基础上的网络联机检索系统。利用万维网应用平台，接入互联网的任何用户或读者不仅可以检索本馆书目信息、文献索引信息，还可以检索其他信息机构的信息。

（三）建设特色数据库

特色数据库指根据本馆的馆藏特色、地方特色、文种特色等，集中搜集各类信息资源而建设的数据库。特色数据库的建设对信息资源建设具有十分重要的意义。在保证信息资源特色化建设的同时，通过共享与协作、协调，有计划、有步骤地在一定范围内使馆藏信息资源中独具特色的信息资源数字化，建成特色数据库，是时代发展的必然趋势。只有建立特色数据库，才能提高其利用性和共享性，图书馆才有吸引力。

图书馆应根据本馆的性质、任务和读者的需求，对现有馆藏文献进行调查、分析、研究，围绕资源优势和学科优势，针对馆藏信息资源的特色部分，建设区别于其他信息机构的特色数据库。特色数据库应包括以下三种：一是根据用户重点需求和馆藏特色，全面搜集各种类型的信息资源并整理、加工，建成的专题数据库；二是服务于本地区经济、文化建设，搜集各类型信息资源而建成的数据库；三是以博士、硕士学位论文为主的学位论文数据库。

建立特色数据库，要集中有关学科、类型、文种等的特色，彻底消除"大而全""小而全"的观念。特色的选择，要体现"人无我有""人有我特""人特我优"的特点。只有形成特色，才有唯一性、不可代替性，才有其存在的价值。

特色数据库的建设必须坚持规范化、标准化、网络化的原则。同时图书馆应引导数据库建设逐步走向商品化、产业化、国际化，这是知识经济社会图书馆可持续发展的措施之一。

（四）建设科研成果数据库

此数据库的建设是图书馆信息资源建设中的一个重要举措。建设科研成果数据库，集中科研人员的研究成果、奖励、承担立项课题的原始资源，对其予以有序组织，提供给广大用户。这样，科研人员就可以了解科研动态，掌握有关学科及热点问题的研究进展。科研成果数据库既可以为正在进行的课题提供参考资料，又可以降低立项的模糊性，有利于科研人员确定自己的研究方向，同时其也为刚刚从事科研工作的人员指明方向，提供示范。该数据库也是向社会展示不同领域的学者的学术状况和科研力量的窗口，并且加快了科研成果的转化速度。

七、合理规划藏书布局

近几年，许多图书馆或修建或改建或扩建了新馆。图书馆办馆环境得到了明显的改善，服务模式也发生了较大的变化，从以前的书库和阅览室分离、闭架阅览、限时开放的服务模式跨越到了藏、借、阅一体化，全年全天候全方位开放的服务模式，大大强化了服务功能，优化了资源配置，提高了数字信息技术含量。

藏书布局是藏书组织的重要环节，是将藏书区分为相对独立又相互联系的系统，目的是建立各种功能的书库，为每一部分藏书确定合理的存放位置，以便保存和利用。合理的藏书布局，有利于读者有效而充分地利用馆藏文献信息资源，可使图书馆的服务功能更齐全、管理更科学。

藏书布局应考虑读者的习惯和图书馆的管理效益。目前，图书馆为方便读者借阅，通常有两种布局方式：一是将所有同一学科专业的中外文图书、期刊都存放在同一地点；二是将中外文图书、中外文期刊分别存放。两种方式都有其优缺点，前者有利于读者迅速查找到自己的专业资料，但不利于图书馆的资料管理，存在如交叉学科相关资料的存放地的选择不易、图书馆工作人员的劳动强度大等问题；后者有利于读者对相同载体资料的查阅，但不利于读者全面查找自己所需要的专业资料。

通过合理的藏书布局，图书馆可以使利用率高的文献不致被淹没，使老化的文献及时得到处理，从而满足读者的需要和科研的需求，适应时代的发展。

八、革新文献信息管理技术

随着当代科技水平的日新月异，计算机技术、网络技术、数字化信息处理技术等现代技术在图书馆已经被广泛使用，图书馆业务管理由传统的人工作业方式向信息技术支撑的计算机管理方式发展，图书馆的管理越来越依靠先进的管理技术手段去支撑。革新文献信息管理技术，不仅可以更好地服务广大读者，而且能够缓解图书管理员的工作压力，使图书馆馆员能够投入更多精力，充分发挥图书馆公益性的主体优势。

目前网络技术设备已成为图书馆重要的基础设施。在网络高度发达的今天，图书馆的对外服务越来越依靠网络这一平台，网络技术设备成为图书馆的重要基础设施。在图书馆正朝着数字图书馆发展的今天，网络技术设备的优良与否成为衡量图书馆先进与否的重要条件。先进的图书馆不仅需要质量较高的网络设备，还需要能够充分利用网络技术，优化网络环境的网络管理员，他们可设计出友好的网络界面。

"互联网+"环境下，图书馆需充分利用互联网工具与技术，科学、严谨地推动文献资源建设。例如，利用大数据分析，深入挖掘用户的文献资源使用行为、文献内容等方面的相关性，为图书馆决策提供科学建议；应用大数据以及云计算等技术，可结合用户阅读兴趣，实现服务内容精准推送。图书馆可通过大数据等技术掌握用户的文献资源使用数据，例如，数据库访问、浏览、下载等各类信息，然后评估用户资源使用状况，进而为图书馆文献采集决策、数据库优化配置等提供科学依据。

现行主流图书馆自动化管理系统大多没有充分重视对用户数据进行采集，图书馆文献资源采集辅助决策功能缺乏。新形势下，图书馆可有针对性地升级自动化管理系统，助力图书采访工作，在系统中加挂数据采集系统，协助馆员进行图书采访决策。

图书馆管理人员应树立网络化管理和服务的观念。图书馆管理人员可利用先进的信息管理系统，着眼于网络化管理和服务，面向图书馆的各个业务管理环节，实现包括多文种、多类型的实体文献著录处理及涉及馆藏资源数字化处理的书目数据库管理建设；实现文献数据检索、下载和上传，以获取高质量的编目数据；提供万维网方式下的公共目录检索服务；实现网上远程书目查询、读者信息查询和办理预约、续借等。此外，面对大量数据信息及服务需求，图书馆需加强大数据馆员培养，组建高素质馆员队伍，实现对数据的有效分析预测以及深入挖掘，充分利用可视化工具以及数据挖掘软件掌握学科发展前沿动态，进而向读者提供更具针对性的文献资源服务。

图书馆应立足数字化建设，搞好数字化技术设备的引进与利用。数字图书馆系统应包括文献资源加工与存储、信息发布与检索、文献多媒体阅览与利用三个子系统。这就要求图书馆要适应数字图书馆建设和多媒体服务的需要；引进对象服务器、视频服务器；建立文献扫描工作站，文献音频、视频数字化工作站等；安装性能优越的管理软件和数字图书馆客户端，发布数字信息；建设多媒体阅览室，通过内部网络和数字图书馆连接，实现多媒体文献检索与利用。

除先进的图书馆管理技术外，图书馆还必须加强自身的技术开发，进行馆藏资源的深化管理。图书馆可采用引进与开发相结合的方式获得性能优越的、符合图书馆自身需求的管理软件，实现随书光盘的信息化管理、特色馆藏资源的数字化处理、古籍文物等珍贵文献的信息化管理、各种文件及管理数据的数字化处理和索引式索取等。

九、确立服务创新思想

（一）建立综合服务体系

信息资源网络在结构上的无序性和空间上的无限延展性，为图书馆之间的联合、图书馆信息服务活动和文献处理业务在网上的开展提供了理想的条件。借助网络平台，既可实现馆与馆之间文献信息资源的互补和共享，也可提高网上读者对于图书馆信息资源的可获性和可知性，还可完成线上采购和联机共享编目。这样，在各图书馆和信息服务机构之间便能构成既松散又统一的社会化网络信息综合服务体系。

（二）积极投入网络信息营销

随着互联网用途的多样化扩张，世界各地图书馆纷纷上网为读者提供各种类型的信息服务，并把抢占这一科技制高点视为获取未来竞争优势的重要途径。在网络环境中，图书馆进行信息营销具有得天独厚的优势，具体来讲包括以下几方面。

①网络信息营销的最大特点在于以读者为主导。读者将拥有比过去更大的选择自由，他们可根据自己的个性特点和需求在全球范围内寻找信息，而不受地域

限制。通过进入感兴趣的图书馆网址或虚拟图书馆，读者可获取更多的相关信息，搜索更显个性。图书馆也可根据读者反馈的信息和要求，通过自动服务系统提供特别服务。

②网络信息营销具有极强的互动性，是实现全程营销的理想途径。即使是中小型图书馆，也可通过电子公告栏、线上讨论广场和电子邮件等方式，以极低成本在营销的全过程中对读者进行即时的信息搜集，读者也有机会对信息资源和信息产品从补充、整序到传递这一过程中的一系列问题发表意见。这种双向互动的沟通方式提高了读者的参与性和积极性，更重要的是它能使图书馆的营销政策有的放矢，从根本上提高读者的满意度。

③网络信息营销能满足读者信息获取方便性的需求，提高读者获取信息的效率。

④网络信息营销能满足成本重视型读者的需求，使读者免受舟车之劳，为读者节省大量的开支。

图书馆要想网络信息营销获得成功，必须充分发挥网络工具的技术优势，同时要遵循以下四条"成功法则"。

①满足定制化时代的要求，提供个性化的读者服务。由于读者的研究领域、研究方向具有相对稳定性，所承担的研究课题具有确定性，且阅读兴趣千差万别，因而读者的信息消费具有强烈的个性化色彩。读者个性信息消费的流行与网络个性化营销方式的结合，预示着信息服务定制化时代的来临。例如，图书馆可在网上提供特定选题服务、预定学术资料"剪"报（刊）服务和学校资料咨询服务等。

②充分发挥网络互动性优势，进行互动式信息营销。这需要从两个方面来考虑：一是当读者提出信息需求时，图书馆应能做出即时反馈；二是允许读者选择其感兴趣的信息，并且允许他们修改其上面的内容。

③遵循网络礼仪，进行软营销。图书馆可打破广告、公关、促销和销售的界限，提供大量相关信息。

④利用网络虚拟化特征，降低营销成本。网络虚拟化的直接影响是，可使"大图书馆变小，小图书馆变大"。互联网作为一种信息技术，人们完全可以利用互联网从信息管理的各个程序与多个方面来武装图书馆，使图书馆不再受到规模大小的制约，从而确保图书馆在瞬息万变的信息市场上立于不败之地。在网上经营一家虚拟图书馆，其成本主要涉及自设网站成本、软硬件费用、网络使用费以及以后的维持费用，这比实体图书馆的经常性开支要低。

图书馆网络信息营销过程一般包括十个基本步骤：确定合理的目标，明确网络营销的任务；广泛听取图书馆各部门的意见；确定营销预算；分配营销任务；依据营销任务规划营销活动的内容；创建友好、信息丰富的网页，图书馆的网页应能全面反映营销活动的内容；与万维网连接；提高图书馆网页设计水平；网上营销的测试与网页修改；使网上营销和图书馆的管理融为一体。

（三）持续培训网络信息用户

随着计算机技术和网络技术的发展，图书馆网络将发展成越来越庞大、越来越复杂的协作系统。网上信息组织、检索和获得方式，较之传统文献组织、检索和获得方式，具有更为复杂多样、技术含量高、对用户信息能力要求高等特点。因此，今后图书馆要持续不断地对网络用户进行培训。

网上的用户教育应是多目标和多层次的，一般分为网络管理层教育、网络使用层教育和网络维护层教育，用户可借图书指南性的资料、录像带或光盘进行自我教育，或图书馆直接在本馆网站上开设培训课程。

培训的总目标是让用户具备以下几方面的素质与能力：第一，强烈的信息意识；第二，良好的利用网络获取信息的能力；第三，较强的信息分析鉴别能力。

十、利用大数据进行图书馆文献资源的建设

21世纪是一个以数据为主的时代。目前，大数据已经从"概念"走向"应用"并产生"经济价值"，随着大数据挖掘与分析能力的提升，数字出版已进入大规模生产、分析和应用大数据的时代。图书馆的资源建设和服务工作也处于模式创新和技术升级的转型阶段。图书馆应运用互联网思维，开发数据管理平台，存储、管理用户大数据，通过大数据分析，借助移动互联网，建立以用户为中心，以用户需求为驱动，以用户使用量为决策依据的文献资源体系。大数据技术为图书馆资源建设内涵的重新定义、评价指标的完善与资源组织体系的再造提供了前所未有的机遇。近年来，国内外的图书馆都在转变观念，重视图书馆中各类数据的收集、存储和管理，在用户数据管理软件开发、用户利用文献资源的数据分析与共享、文献资源选择的用户主导决策等方面进行了有益的尝试。

大数据时代是一个数据驱动的智慧时代。人类社会的每一个领域都将被"大数据"改变。大数据，就是无法在可承受范围内用常规软件工具进行捕捉、管理和处理的数据集合。大数据是一个技术概念，实际上是涉及物联网、云计算、新一代互联网通信技术，以及包括数据采集、数据存储、数据传输及数据处理分析等内容的具有"破坏性创新"威力的"新技术群"。随着数字化、网络化、智能化的发展和大数据时代的来临，人书相关、人人相连、文献相关、自动推送、智

慧服务的模式应运而生。

图书馆应树立大数据思维。维克托·迈尔-舍恩伯格在《大数据时代》一书中讨论了关于大数据的三个思维变化，具体内容如下。

①不是随机样本，而是全数据。

②不是精准性的，而是混杂性的，尤其是大数据的简单算法比小数据的复杂算法有效。

③不是因果关系，而是相关关系。就图书馆而言，大数据思维是一种重视客户数据，重视客户使用行为，平等对待用户需求的理念，是一种按照用户的需求抉择图书馆资源建设和服务的理念。同时，图书馆要重视对各个机构相关数据的储存、管理、分析和利用，彻底改变过去在图书馆管理、资源建设和服务工作中凭表面印象就做出决定的思维方式和方法。

图书馆可对用户生产、传播、浏览、阅读、收藏、购买、利用等方面的数据进行储存、管理和分析，建立读者数据库，管理读者信息并分析其关注的问题，发现其兴趣、爱好、阅读和购买习惯。这可为图书馆进行有针对性、即时性的购买提供依据，提高图书馆经费的使用效率，改进图书馆资源购买的方式，提高资源规划的科学性和预见性。

大数据将重建图书馆的知识管理体系。面对大量异质、异构的数据，图书馆需要解决大数据的可表示性、可处理性、可融合性及可靠性等关键问题。这就需要一批掌握大数据分析工具来对数据进行有效挖掘、分析预测的数据馆员，需要一批从关注资源技术、图书馆技术转变为关注用户技术，从提供劳动力密集型服务转变为提供方法、工具与计算密集型服务的分析师。图书馆应通过数据挖掘软件等来绘制科学知识图谱，了解和预测科学发展前沿和动态，提供有针对性的、个性化的推送服务。

第七章　图书馆文献信息资源的评价

图书馆文献信息资源的评价有利于图书馆的建设与长期发展，提升图书馆信息资源服务水平，使图书馆文献资源结构更加合理，从而使图书馆更好地为读者提供优质的文献资源。

第一节　信息资源建设评价概述

一、信息资源建设评价的含义与作用

（一）信息资源建设评价的含义

信息资源建设评价就是在一定目标的指导下，系统地收集与信息资源体系相关的信息，通过分析解释，对信息资源客体的实用性和效益性做出客观的评价。也可以说，信息资源建设评价就是对图书馆现有的信息资源体系、运行状况、效果等各方面进行衡量和检查，做出价值判断的过程。

（二）信息资源建设评价的作用

1. 有效利用资源

帮助人们有效地认识、选择和利用有关的资源，是信息资源建设质量保障的前提。尽管大量的信息资源能够为人们获取信息提供有利的途径，但是，如何从这些资源中准确选择所需的信息并加以有效利用就成了人们面临的问题。对信息资源进行评价，可以提高信息资源的精度和有用性，改善信息资源的品质，促进信息资源的优化和良性循环，从而实现对资源的有效利用。

2. 提高信息资源的利用率

斯洛特在其所著的《图书馆藏书剔除》一书中，通过对五个图书馆馆藏图书的抽样统计，得出了如下结果：25％的藏书提供了75％的流通量，50％的藏书

提供了90％的流通量，75％的藏书提供了98％的流通量。只有对馆藏信息资源建设结构的合理性、系统性、连续性进行评价，才能全面了解体现在不同载体类型、不同学科内容、不同存取方式的图书馆馆藏信息资源能否在数量、内容和使用方式上相互补充、合理分配，采集、积累的信息资源是否系统、连续，因为只有系统、连续地采集和积累电子馆藏资源，才能保证其完整性和有效性。并且，只有采购用户利用率高和用户重点需求的核心馆藏，才是提高资源利用率和用户满意度的根本途径。

3.为图书馆文献资源建设提供客观依据

信息资源建设的科学、有效评价，对图书馆信息资源体系的建立和发展有着非常重要的意义。

①对微观信息资源配置的质量定期进行评价，可以改进图书馆信息资源的采访工作。

②图书馆应深入了解馆藏信息资源是否符合本馆馆藏宗旨和图书馆的发展目标。

③图书馆应了解图书经费是否得到合理的使用。

可以说，对信息资源内容进行评价，有利于图书馆对文献资源满足用户需求的程度做出准确判断，从而为图书馆制定馆藏信息资源建设发展决策提供依据。

二、信息资源建设评价的原理

信息资源建设是一项复杂的系统工程，这就决定了评价的系统性和复杂性。为此，在评价中应坚持以系统理论为指导，坚持信息论、控制论、系统论"三论"相结合的原则，应用系统性、反馈性、优选性、有序性、定性与定量相结合等原理，全面地认识信息资源建设评价的属性和理论意义。

（一）系统性原理

任何系统都是有结构的，系统整体的功能大于各孤立部分功能之和。没有结构，仅由孤立部分堆积组成的整体不能称其为系统。图书馆信息资源作为一个大系统，内部结构有序、严密且复杂。其整体中包括许多组成部分，每部分可被看作一个子系统，每个子系统受到许多因素的制约，系统之间又具有相互依存、相互作用、相互影响的关系。

因此，在进行信息资源建设评价时，必须应用系统性原理，特别是关于系统结构的每一个局部最优之和不等于整体最优的思想。图书馆应采取系统分析的方法，围绕系统的总目标，全面研究各个相关因素的作用及其对整体质量的影响，建立起信息资源建设评价的层次结构体系，力求从整体的角度全面考察建设的质量。

（二）反馈性原理

任何系统只有通过反馈信息才能实现控制。缺乏信息反馈的系统，要实现系统控制是不可能的。对信息资源建设进行质量评价，实质上就是通过科学分析的方法获得全面的、系统的反馈信息，并与所要控制的目标进行比较，找出既定目标与实际效果之间的差异，实施对信息资源建设各个环节的有效控制。

人们可根据这些反馈信息对原定方针、原则和规划进行判断，分辨出正确的、错误的和有缺陷的相关部分，为馆藏目标的进一步完善、修正和发展寻找突破口，也为下一轮信息资源建设的科学决策提供客观依据。

（三）优选性原理

实施评价的目的是优选。实现信息资源建设规划的总目标靠的是优选决策，实现某个局部建设目标也越来越多地依赖于方案的优选。如何从众多的备选方案中选择出技术上可行、经济上合理、社会效益又好的总体最优方案，是决策之前必须解决的一个重要问题。

信息资源建设评价，就是为解决这一问题而进行的。通常，优选性研究主要有两种途径，第一种途径是从不同类型的多个方案中进行优选，第二种途径是从同一方案的不同决策中选择最优方案。信息资源建设方案优选融合这两种途径于一体，如信息资源建设的总体评价属于后一种优选途径，而图书馆文献询价采购方案优选则属于前一种优选途径。

（四）有序性原理

系统由较低级的结构逐步转变为较高级的结构，称为系统的有序递进。适时有序的信息资源建设评价是系统有序递进的前提。所谓有序性，就是按照一定的标准（评价指标体系）和一定的程序，以特定的时间间隔，对特定时间段内信息资源建设状况进行评价，以求从时间序列上展示信息资源建设循序渐进的发展变化过程。

（五）定性与定量相结合的原理

信息资源建设评价的核心问题，是要寻求馆藏与需求的最佳契合点，找出质量上最优、经济上合理的最佳方案，提高馆藏的利用程度。为了达到这一目标，人们必须对涉及的诸多因素进行权重分配得出明确的综合数量概念，以便进行确切的分析比较。

目前，定性与定量有机结合的评价体系已成为一种理想的模式。图书馆计算机化、网络化环境的不断优化，为利用计算机和数学建模技术来构建信息资源建设状况的定性—定量评价方法体系提供了极大便利，开展相关影响因素数量化评价的条件已经成熟。

当然，信息资源建设是一个复杂的循环过程，不可避免地会存在一些难以量化的因素，如信息资源组织与加工深度、信息资源对读者需求的满足程度、信息资源利用效果以及共享化程度、信息资源建设的社会效益和经济效益等。对此，人们应进行相应的定性描述，通过定性与定量的有机结合来达到综合性评价的目的。

三、信息资源建设评价的内容

信息资源建设作为图书馆建设的核心，在图书馆馆藏建设发展历程中，受到较多不确定性因素的影响。因此，必须对其做出科学的评价，以便根据结论及时地对信息资源的结构和数量进行调整。信息资源建设评价的内容主要包括信息资源保障能力的评价、信息资源获取能力的评价、信息资源质量的评价、信息资源共享程度的评价、信息资源利用统计的评价。

（一）信息资源保障能力的评价

信息资源保障能力通常是从用户获取信息资源的保障能力和方便程度出发进行评价的。在现代图书馆中，着重考察数据库的学科覆盖面、文种覆盖面，以及数据更新周期、回溯时限，图书馆远程访问数据库的数量和种类；网络信息资源的设备与布局等的标准；允许上网查询专业数据库的人员范围；上网查询收费标准；网络开通的时间；网络的带宽和速率等。

（二）信息资源获取能力的评价

图书馆对信息资源的获取能力的评价包括检索功能的完备性评价和检索技术的先进性评价。信息资源的获取需要完备的检索功能，检索功能不足会直接影响信息资源获取的效率，最终影响信息资源获取的能力。检索过程中还要考虑检索入口的便捷性、检索方式的全面性以及检索效率的高低。检索效率包括检索的响应时间和检索失败频次。为了提高图书馆的信息资源获取能力，图书馆系统的检索功能就要齐全，这样才能最大限度地满足用户的需求。

然而，信息资源获取能力的提高不只需要检索功能的完备，还需要检索技术具有一定的先进性，其中包括技术的可行性和稳定性，先进的技术有利于提高信息资源获取的能力。检索技术是检索系统的核心，检索系统相关的问题需要专业的技术去解决，专业的检索技术有利于准确地找到检索目标，对检索内容进行检索，能够更好地提高系统的性能。检索技术还要具有通用性，要能够适用于图书馆。检索技术也在随着社会的发展在不断地进步，图书馆应重点关注检索技术的发展。

此外，界面的布局也要简洁。简洁的检索界面有利于用户更方便地进行检索。界面布局会影响用户的检索效率及使用体验。好的界面布局应能使用户快捷、准确地查询出需要的信息。因此，检索界面应做到功能全面、简单易懂。检索结果的处理需要考虑以下两点：第一，检索出来的结果是否能使用户的需求得到满足，是否全面检索出了用户所需要的信息；第二，检索结果获得的难易程度如何。

（三）信息资源质量的评价

信息资源质量主要指网络数据库的质量。网络数据库包括网上联机数据库和镜像数据库，在使用上具有专业性、易用性、准确性、时效性和经济性等特点。对信息资源质量的评价主要考察网络数据库覆盖的核心期刊、重点学术专著数量的多少，数据质量是否可靠，查准率和安全性能是否满足需要等；是否建立网络导航系统，并对各个站点进行必要的访问和评估，从中精选出符合用户需求的网络信息资源，真正发挥网络导航系统的作用；是否组建专题虚拟馆藏，根据用户需求有针对性地对所选专题的网络信息进行科学的组织、加工、更新和剔旧，并在网页上发布信息。

网络信息资源的加工水平、信息组织水平是信息资源质量的重要影响因素。对网络信息资源加工处理的程度越深，网络信息资源的利用价值就越高，如专题汇编、述评、研究报告等。

（四）信息资源共享程度的评价

伴随信息资源的数字化和信息传递的网络化，现代图书馆信息资源共享的广度和深度是传统图书馆无法比拟的。对信息资源共享程度进行评价时，应考查图书馆是否对体现本馆特色的或有独特价值的馆藏印刷型文献进行数字化处理，并从数字化的数量、质量、传播范围、方便程度入手测评；本馆是否有突出本馆特色的、与众不同的全文型数据库、文摘型数据库、题录型数据库或索引型数据库；图书馆是否购买、租用或连接国内外的商业数据库。

(五)信息资源利用统计的评价

对信息资源利用统计的评价主要从以下两个方面考查。

传统的评价统计包括到馆人数统计、阅览人数统计、借阅书目统计等,只能从一个方面反映用户利用图书馆及其信息资源的情况。在网络环境中,图书馆应考查网页被点击次数、数据库登录的人数等统计情况和信息资源利用效果。

1. 统计服务评价

统计服务评价包括平均点击量评价和全文下载量评价。平均点击量是图书馆用户对某项数字资源的平均点击次数,它反映的是用户对某项资源的浏览情况,可以作为图书馆评价数字资源利用率的重要因素。全文下载量是数字资源中某项文献资源被用户全文下载的数量,图书馆在决定某项数据库是否进行增订、续订时会把此项指标作为参考依据。全文下载量的数量越多,代表数字资源的利用程度就越高。

2. 用户服务评价

用户服务评价包括用户需求满足率评价、用户交互评价、用户培训服务评价、馆访问服务评价和参考咨询服务评价。

用户需求满足率指的是图书馆用户对现有的馆藏资源满意的人数占全部用户人数的比重。图书馆要注重把握用户的需求,了解用户是否对图书馆提供的现有的数字资源感到满意,积极地采纳用户的意见。

用户交互指的是图书馆和用户之间要有充分的交流和合作。图书馆为用户提供数字资源,满足用户的需求,用户也要积极地与图书馆交流和互动。图书馆为了提高数字资源的利用率,会对用户的需求做一个调查,用户也要积极地配合图书馆的工作。此外,用户应及时地向图书馆馆员表达自己的需求或者提出相关建议,要多与图书馆互动。

用户培训服务指的是图书馆在数字信息资源的传播过程当中,可以通过培训、讲座等形式对用户进行教育。用户到馆率偏低的很大一部分原因是用户对图书馆的馆藏情况不够了解,因此,图书馆可以对用户进行培训,提高用户到馆积极性,从而提高数字资源利用效率,促进数字资源建设。

馆外访问服务指的是在一般情况下,图书馆用户在本区域范围内可以免费使用图书馆提供的数字资源。

传统的参考咨询服务是图书馆在问询台设置专门的问询员。数字化的参考咨询服务是图书馆邀请或者联系专家并且利用网络的形式为用户提供问答型服务,此模式下,用户的需求得到进一步解决,参考咨询服务越来越便利化。

第二节 图书馆文献信息资源评价的标准和作用

一、图书馆文献信息资源评价的标准

（一）馆藏数量的评价标准

图书馆拥有一定数量的文献资源是其开展服务的基础。馆藏数量评价标准主要有以下几个方面。

1. 文献资源保障率

文献资源保障率即每个读者平均占有图书馆馆藏量。馆藏数量是图书馆开展服务工作的物质基础，是衡量图书馆事业发展状况的主要标志之一，是制定图书馆发展战略的重要依据之一。对数字资源，由于一个数据库常常包含几千种期刊或上万种图书，我们可以考虑参照纸本文献的计量方法，利用系数折算法来折算馆藏。由于全国没有统一的馆藏评估标准，各馆只是根据本馆的实际情况而定。

没有一定数量的文献资源，图书馆的服务就无法开展。但馆藏数量的增长与满足读者文献需求的能力并不一直是成正比的。如果人均馆藏量太高，也可能造成资源的浪费。如何根据自身发展状况确定合理的馆藏量，是图书馆需要探索研究的课题。目前，文献资源保障率仍是评价馆藏数量的一个重要指标。

2. 读者满足率

读者满足率即读者在实际使用中获得的文献数量与他实际需要的文献数量之比。馆藏文献资源建设的根本目的在于最大限度满足读者的文献需求。一方面，图书馆的文献资源品种齐全，数量上形成一定的规模，对读者需求的满足程度越高越好。另一方面，对于一个具体的图书馆而言，不可能也没有必要完全满足所有读者的文献需求。

据美国耶鲁大学图书馆的调查可知，读者需求的90%集中在5%的文献中，百分之百地满足读者的需求，需要增加馆藏19倍，这显然是不可取的。根据我国图书馆现状，有人认为，读者满足率为75%~85%是比较合理的。

3. 文献资源覆盖率

文献资源覆盖率即馆藏文献占各学科领域文献的比例，它是收藏文献完备程度的重要标志。各个图书馆根据自身需求和可能的条件，选择本馆的优势学科（或

强势学科）作为特色资源重点收藏，达到研究级使用等级水平，其他学科满足读者基本需求，达到一般使用等级水平即可。

4. 专业文献与非专业文献的数量比例

专业文献是图书馆的重点收藏对象，其数量要占优势。图书馆专业文献数量一般应占馆藏数量的70%～75%，如果低于70%，教学、科研需要的文献就会受到限制，如果高于75%就会使非专业文献的使用受到限制，师生员工业余文化生活需要的文献就得不满足。非专业文献是图书馆一般藏书，通常占馆藏数量的25%～30%。

5. 馆藏文献增长量

对馆藏文献增长量的评价，就是评价增长的数量是科学的、合理的，还是不合理的。一般情况下，把年平均增长量作为馆藏文献增长量指标。目前，教育部对本科院校图书馆评估合格标准为学生人均年进新书四册，此标准应是图书馆馆藏比较科学的增长量。馆藏文献增长量太低，会造成馆藏文献贫乏，读者利用文献受到极大限制；馆藏文献增长量过高，会造成大量无用文献进入图书馆，文献利用率下降。

6. 利用标准馆藏目录评价馆藏

一些国家往往编有标准馆藏目录，这些目录一般由有经验的专家精心选定，具有一定权威性。例如，美国出版有《标准目录丛书》，包括《公共图书馆目录》《学院图书馆目录》等。美国图书馆协会对这几种目录定期进行更新。这些目录中所列"必备文献"的收藏情况可以反映一个图书馆文献采选的质量，因此人们可利用标准馆藏目录核对某一图书馆馆藏，根据入藏文献占标准馆藏目录的比例来评价馆藏质量。

由于标准馆藏目录收录范围和数量有限，各馆的读者和任务又不尽相同，所以用这种方法仍有一定局限性。由于核对工作量较大，费工费时，因此核对工作一般只在某一特定范围（学科、主题、藏书水平等）内进行。例如，可以从收藏不足而不能满足读者需要的那一部分馆藏着手进行核对和评价。

（二）馆藏质量的评价标准

文献收藏机构所收藏的文献，能满足社会文献需求的能力以及文献被利用的程度最终取决于馆藏文献的质量。一般来说，用户需求得到满足指用户查阅到了所需文献的内容，这就是说馆藏文献质量越高，满足用户需要的可能性就越大。

因此可以说，馆藏文献质量比馆藏文献数量更能体现出文献收藏机构的服务能力和服务水平。而就文献评价来讲，质量评价比数量评价更具有说服力，更具有现代意义。但是，馆藏质量评价却不是一件容易的事情，它复杂的评判过程，涉及了多个评价指标，就目前评价理论观点，概括起来有以下五种。①馆藏文献的质量取决于文献的情报信息容量。②衡量馆藏文献质量有六条标准：用户需求的满足程度；研究级文献收藏的品种是否齐全；教学用书复本率是否得当；馆藏文献复选进行的程度；馆藏文献是否符合本馆任务，以及文献的科学价值和实用价值是否较高；馆藏文献结构是否合理且有学科特点。③馆藏文献的针对性、系统性、完整性如何。④馆藏文献的体系结构是否合理。⑤满足读者需求的程度和范围。

藏书质量评估也有可量化的指标，但更多的是不能量化的、比较模糊的定性描述。综观这些衡量标准，馆藏文献的质量的评价归纳起来主要还是从文献资源的结构、文献资源的利用率、文献资源的知识信息含量等三个方面进行。

1. 文献资源的结构

文献资源结构不仅涵盖文献藏书，还应包括数字资源的配置情况。随着新的互联网技术的发展，馆藏也从馆封闭式的自我配置转变为图书馆网络的、区域的、全国的乃至全球的信息资源的配置。馆藏资源结构的合理配置应该是图书馆在互联网环境下面临的新课题，一般来说，绝大多数图书馆都在向复合型、智慧型图书馆迈进，因此我们就不得不考虑以下几个因素。

第一，学科结构。经过图书馆配置的信息资源是否符合一定的学科结构要求，特别是图书馆要统计各学科藏书的比例、专业特色、完备程度，统计数据库、电子书对学科的覆盖率，分析这些统计结果是否与自身的性质任务、读者需求相吻合。

第二，收藏等级。图书馆根据文献资源本身的学术价值和读者的利用率高低，将文献收藏划分为几个收藏等级，一般来说有五个等级：完整级、研究级、学习级、基础级和最低级。根据收藏等级的评定能够有效保证科研学术的需要，把价值不高的资源淘汰，完成图书馆自身的新陈代谢，以便腾出更多的空间和资金收藏更有价值的资源，从而达到优化资源配置的目的。数字资源除一次性买断外，都是通过购买使用权获得的，因而不存在收藏等级的问题。

第三，文种结构。评价馆藏质量时人们一般考察图书期刊报纸或数字资源的文种占图书馆信息资源配置总量的比例是否合适。一般图书期刊报纸分为中外文，图书馆要统计馆藏文献的文种比例，看馆藏是否能够满足读者对各文种资源的需要,如果文种结构合理,就能有效满足读者需求。数字资源采购一般以中英文的为主,附带少量的小语种。

第四,时间结构。任何藏书都是有时效性的,就像人有生老病死一样,信息资源也有其生命周期,根据图书的出版时间就可以判定图书的知识新鲜程度。图书馆可以用文献半衰期规律判断馆藏的新旧程度,文献半衰期是馆藏总量中超过50%的信息资源失去利用价值所经历的时间。一般来说,图书的半衰期比较长,期刊报纸的半衰期比较短。利用这一规律能够确定馆藏文献的时间结构是否合理。

第五,文献类型结构。评价馆藏质量时不仅要看馆藏纸质文献资源,还要考查数字信息资源,即统计馆藏中不同类型、不同载体文献的比例以及其与读者需求的适应状况。数字信息资源的半衰期更短,特别是网络信息资源的更新换代更为频繁,需要不断更新维护。

资源配置的结构是否合理,决定了馆藏资源的质量和生命。图书馆只有通过资源配置评估,找出结构上存在的问题,有的放矢提出调整方案,才能优化资源配置的结构,更好地为读者服务。

2. 文献资源的利用率

这主要从馆藏利用率和文献资源产生的价值两方面来看。利用率是对文献资源质量和结构等方面的综合反映。收藏的文献资源质量越高,读者使用频率就越高。对图书而言,借阅率就是最好的评价指标,对数字资源特别是网络数据库来说,点击率、下载率是最好的评价指标。图书馆也可在一定时期内选定相关种类馆藏资源的用户,对其使用情况进行跟踪调查,获得利用率数据,从而为馆藏的合理配置提供依据。图书馆的利用率低下,馆藏质量可能是主要原因。有专家指出,图书馆应争取馆藏利用率达到78%,至少不能低于50%。

3. 文献资源的知识信息含量

读者的信息需求在很大程度上决定了图书馆文献资源的知识信息含量。图书馆面对庞大的出版发行信息,不能盲目选择,应合理地利用图书馆经费,保证学术价值高、内容新颖的核心文献的收藏。对于图书文献,图书馆可以根据学科核心书目等,保证核心图书的入藏;对于中文期刊文献,图书馆可圈定各学科的核心期刊范围,保证核心期刊的入藏;对于外文期刊文献,图书馆可根据期刊的影响因子确定核心期刊的入藏。

随着网络技术的发展,馆藏资源评价不仅局限于本馆的实际收藏,即传统意义上的实体馆藏，还需要对虚拟馆藏和网上信息组织能力，以及虚拟馆藏利用率等进行评价。目前，各图书馆主要采用下列标准对虚拟馆藏进行评价：可随时阅读和下载（有使用权）的虚拟资源的学科覆盖率，利用网络信息资源的设备及网络传播速度，网络的大众使用性（服务时间与收费标准），本馆可供共享的数字化资源信息含量及被访问下载次数，网上离散资源的搜集、组织能力，虚拟资源浏览人次等。

文献资源建设与评价是动态的、发展的，两者具有互动性，文献资源建设的评价往往滞后于文献资源建设。图书馆建立健全的文献资源评价体系，对提高文献资源建设质量将起到巨大的推动作用。

二、图书馆文献信息资源评价的作用

文献信息资源评价作为文献信息资源建设的一项基本内容，其作用主要在于为图书馆控制文献资源建设过程和进行科学决策提供客观依据。无论是微观的文献信息资源建设还是宏观的文献信息资源建设，总是要遵循一定的方针、原则，按照一定的规划进行的。一般说来，这些方针、原则及规划，都是在一定理论指导下，总结实践经验的产物。但是在文献信息资源建设的操作过程中，由于受到各种主客观因素的影响，因而不可避免地会出现既定方针的偏离现象。同时，任何方针的确定和规划的制定，必然要受到当时历史条件及人的认识水平、认识能力的制约，其正确性也只有通过实践才能进行检验。而藏书评价就具有这种检验功能。图书馆应运用各种定性的和定量的方法，对藏书体系的各个方面的属性进行检测，找出既定目标与实际效果之间的差异。

图书馆根据这些反馈信息对文献信息资源建设的各个环节进行控制，就能有效防止与纠正对既定方针的偏离。同时也可根据这些反馈信息对原来确定的方针、原则和规划进行判断，明确哪些是正确的，应该继续贯彻；哪些是有缺陷的，需要完善、修正；哪些是错误的，必须废弃。这可为下一步文献资源建设的科学决策提供客观依据。

（一）提高图书馆服务功能

图书馆是向读者提供文献资源服务的机构，拥有充足的高质量的文献情报是图书馆提供服务必不可少的条件。开展文献收集评价活动的目的是不断地提高文献收集工作的质量，不断地完善馆藏体系，确保图书馆的各项服务正常提供，确保满足广大读者对图书馆的文献的需求。

（二）提高效益

提高效益是现代图书馆的经营理念和追求目标。文献收集需要耗费大量的资金和人力，提高资金和人力的投入效益是图书馆研究的重要课题。当前，采访工作面对的是文献资源的爆炸性增长，文献市场的一些无序现象，采访经费相对短缺，读者需求多样化。提高效益成了采访工作乃至图书馆所有工作的目标。图书馆可对文献收集工作进行评价，从而提高自身文献收集的能力，减少采访中的各种风险。

（三）提高管理水平

文献收集是文献的选择和获取过程，也是一种管理过程。文献收集工作的优劣能够反映图书馆管理水平的高低。对文献收集工作进行合理有效的管理，是保证采访工作健康有序进行的必要条件。对文献收集工作进行评价，一方面可以检验图书馆管理水平的高低，另一方面又可改善和促进对文献收集工作的管理。

评价馆藏文献有利于对馆藏能力以及文献资源建设系统运行状态进行全面的衡量，分析出馆藏文献的满足用户的程度、文献的缺失与不足，对馆藏文献实施总体控制与调节，并且有利于检验采选方针是否正确。馆藏文献评价为制定文献资源宏观发展规划乃至文献采选原则、经费分配等具体业务工作提供依据，从而使文献资源建设更具科学性、合理性和完整性。

第三节　图书馆文献信息资源评价的方法

一、图书馆文献信息资源的传统评价方法

（一）直观法

直观法就是直接观察书架上的文献或目录，对藏书进行评价的一种方法。这种方法只适用于纸质文献资源，有利于图书馆学科专家了解馆藏文献的范围、规模数量，了解文献的重要性和现实价值，了解文献的保存状况和新旧程度等。

运用直观法评价文献信息资源配置，只是针对纸质文献资源，不能评价数字资源，即使评价纸质文献资源，也只能是有一个粗略的大致的了解和掌握，难说评价的精确和科学。直观法往往主观判断占据主要地位，即便是结合流通统计、基本书目以及其他文献目录等加以比较分析，也难以做出非常正确的判断，还不

能对文献情况做出一个比较恰当合理的评价。此方法的好处是简便易行、适用范围广，但它不是准确、科学的评价方法，如果对评价结果的精确性和重要性要求不高，还是可以采用此方法的。

（二）书目对照法

书目对照法是将图书馆文献资源与选定的标准书目、核心书目或权威的文献目录进行比对，检查馆藏文献在品种、数量、重要著作收藏方面的差异，从而评价文献质量的方法。书目对照法首要选择标准核心书目作为比对的标杆，但由于每年图书的出版量巨大，除中国国家图书馆外，一般图书馆很难收集全，只能根据本馆实际情况和读者对象，选择馆藏。书目对照法的优点是利用核心书目、标准书目进行比较，可以揭示藏书的空白和不足，使用起来灵活方便，成本较低。该方法的不足之处是核心书目的确定比较困难，不同类型的图书馆直至各个图书馆都可以有自己的标准书目和核心书目。这个核心书目能适合这个图书馆，但不一定适合其他的图书馆。用公共核心书目去评价某一具体图书馆，就像用一个尺寸给所有人做衣服，这显然不合适。这种方法可以评价核心藏书的收集问题，但也抹杀了图书馆的特色，对图书馆的特色文献难以做出评价。书目对照法对图书和数字资源的评价作用不大，但对期刊的馆藏具有导向意义。

（三）藏书结构分析法

藏书结构分析法主要针对图书馆文献的构成进行分析，着重从学科结构、等级结构、语种结构、时间结构和类型结构五个方面考察。考察馆藏文献资源中各种文献的比例是否恰当，有利于图书馆判断自身是否建立了科学的馆藏文献资源体系。图书馆进行藏书结构分析不仅要调查统计馆藏结构，还要分析读者需求结构状况，必须依靠大量的调查统计，既要有馆藏的基本数据，还要有读者的借阅数据和需求数据，在获取相关数据后，对已经编制好馆藏文献资源结构表的，可直接对照该表进行检验分析。图书馆通过分析来判断馆藏文献资源的结构是否合理。使用这种方法分析，图书馆能够发现本馆藏书具有哪些优势，还存在哪些不足和薄弱环节，从而及时调整馆藏文献资源体系中各种文献的比例。这种方法的不足之处是调查统计的工作量大，比较分析的过程复杂。

（四）用户评价法

用户评价主要是通过读者调查和利用各种文献流通统计来进行的。图书馆通过读者调查可获得定性评价，通过文献流通统计可获得一系列数据。文献流通统计可对全部馆藏来进行，也可分学科、文种、文献类型、出版年代等进行，还可针对某一书刊进行。文献流通统计可反映馆藏的实际使用情况，一个图书馆馆藏质量的高低要根据馆藏中究竟有多少文献能真正被读者使用来判断。但文献流通统计只能反映已有的馆藏满足来馆读者需求的情况，不能反映没有来馆的潜在读者以及虽来馆但图书馆未藏有其所需文献的读者的需求情况。可用于馆藏评价的文献流通统计主要有馆藏利用率、流通—藏书比、流通册次—流通种次比、文献拒借率、馆际互借满足率等。

①馆藏利用率，即被读者借阅的文献数量占全部馆藏或某一书库（阅览室）藏书数量的百分比。馆藏利用率低的主要原因之一就是馆藏质量低（复本率高、陈旧过时的文献多等），图书馆可通过调整馆藏文献的结构、加强藏书剔除等加以改进。

②流通—藏书比，即某类藏书流通量占全部馆藏流通量的百分比与某类藏书占全部藏书的百分比之间的比例。流通—藏书比的理想值为1，即某类文献的流通量与其在馆藏中所占份额相当。如果这一比例远大于或远小于1，图书馆就需要对馆藏做一些调整。

③流通册次—流通种次比。某类图书流通量可以分别用流通册次和流通种次来统计。流通册次—流通种次比可反映读者对某类文献复本的需求，该比例可用于评价馆藏复本是否合理。

④文献拒借率。文献拒借率可反映读者文献需求的未满足情况。文献拒借率高的原因，属于藏书方面的有复本过少以及排架中的错架（乱架）等。图书馆可通过补购、增加复本、开展预约借书和完善书库管理等加以改进。

⑤馆际互借满足率，即表示读者对馆际互借（包括提供复制件）需求获得满足的程度的一种百分比。满足率的高低可反映一定范围（一个馆、一个地区若干图书馆）内文献资源的完备性和可行性。满足率可用以对各馆文献资源建设进行评价。一般对本国出版物的馆际互借应满足100%的需求，而对外文文献在国内应满足70%的需求，30%以通过国际互借来满足为宜。

（五）德尔菲调查法

德尔菲调查法是20世纪50年代由美国科学家奥拉夫·赫尔默和诺曼·多基发展起来的，它主要用于预测美国受到大规模核攻击时可能出现的后果。近年来它作为研究对未来趋势和事件的发展做出预测的方法受到重视。德尔菲调查法在图书馆信息资源配置评价中，是设计一系列问卷，向参与者询问对某个问题的看法，把这些看法加以综合提炼而形成结论和意见的一种研究方法。目前这种方法还在普遍使用，它是征求读者意见和用户反馈的捷径和最佳办法。利用此方法，图书馆可以直接了解读者的需求和感受，通过对问卷的梳理和总结，能够找到下一步改进的措施与方案。

（六）引文分析法

引文分析法是图书馆通过检查作者所引用的参考文献被本馆收藏的情况，以及藏书被利用和可能被利用的情况来评价藏书情况的方法。如果该论著所引用的参考文献大多都可在某图书馆获得，就说明该馆藏书质量较高。但该方法只适合科研类藏书，应用范围小。引文分析法适用于评价大型科研藏书，但不适合对综合性图书馆的信息资源配置进行评价。

图书馆可根据图书馆入藏核心期刊的情况来评价期刊收藏质量。核心期刊是根据期刊所载论文被引用次数的多少来确定的，被引用较多的期刊被称为核心期刊。有研究表明，被引用次数较高的 500 种期刊包括了被引文献数的 70%，这与布拉德福的文献分散规律相符。美国的科学情报研究所（ISI）还出版有期刊引用报告（JCR）。收藏核心期刊既经济又实用，如一般综合性公共图书馆只要收藏 500~1 000 种科技核心期刊，即可满足读者对科技期刊的大部分需求。但运用这种方法评价馆藏期刊有一定的局限性，因为引文分析主要反映文献作者引用文献情况，而不能反映全部读者的需求。一些普及性期刊虽较少被引用，但它们在图书馆的利用率较高，各学科期刊在被引用方面存在很大差异，如科学技术期刊被引用较多而文学艺术期刊被引用较少，同一学科期刊也因容量、篇幅和出版周期的不同被引用机会也有所不同。评价期刊收藏需考虑本馆任务、服务对象和服务内容，并综合运用多种方法，其中常用的评价指标还有期刊利用率等。

二、图书馆文献信息资源的现代评价方法

（一）层次分析法

美国著名运筹学家、匹兹堡大学教授萨迪于 20 世纪 70 年代初期提出了一种系统分析方法，即层次分析法（AHP）。它是一种能将定性分析与定量分析相结合的分析方法。

AHP 可以将复杂的问题分解成若干个层次，在比原问题简单得多的层次上逐步分析，可以将人的主观判断用数量形式表达和处理，也可以提示人们对某类问题的主观判断前后有矛盾，将人们的思维过程和主观判断数学化。它不仅简化

了系统分析与计算工作,而且有助于决策者保持其思维过程和决策原则的一致性,易于掌握,也易于应用。如在对事物的评价上,在为某一目的对各种方案、器材、厂址和其他任何事物进行选取上,在对新技术的发展、新武器的研制或将来市场的预测上,在对资源或人力的分配上,其都有着非常实际的应用价值。1971年萨迪教授曾用AHP为美国国防部研究所谓的"应急计划",1972年他又为美国国家科学基金会研究电力在工业部门的分配问题,1973年他为苏丹政府研究运输问题,1977年萨迪教授在第一届国际数学建模会议上发表了相关演讲,从那时起AHP开始引起广泛关注,并逐步应用于多准则、多目标的复杂问题的决策分析,如计划制订、资源分配、方案排序、政策分析、冲突求解及决策预报等相当广泛的领域。

AHP将判断和价值结合为一个逻辑的整体,依赖想象、经验和知识去构造问题所处的递阶层次,并根据逻辑、直觉和经验去给出判断,允许使用者随时进行修订,即使用者既可以扩展一个问题层次中的元素,也可以改变原先的判断,允许使用者去检验结果的敏感程度以决定到底做何种改变,为进行群体决策提供了一种适宜的结构。作为一种有用的决策工具,AHP具有以下优点和缺点。

1.AHP的优点

AHP具有适用性、简洁性、实用性、系统性等特点。它输入的信息是决策者的选择与判断,充分反映了决策者对决策问题的认识——适用性;分析思路清楚,可将分析人员的思维过程系统化、数学化和模型化——简洁性;在决策过程中,将定性因素和定量因素有机地结合起来,用一种统一方式进行处理——实用性;把问题看成一个系统,在研究系统各组成部分相互关系以及系统所处环境的基础上进行决策——系统性。

2.AHP的缺点

AHP在很大程度上依赖于人们的经验,主观因素的影响很大,它至多只能排除思维过程中的严重非一致性,却无法排除决策者个人可能存在的严重片面性;比较、判断过程较为粗糙,不能用于精度要求较高的决策问题。

3.层次分析法的应用思路

首先,把要解决的问题分层系列化,即根据问题的性质和要达到的目标,将问题分解为不同的组成因素,按照因素之间的相互影响的从属关系将其分层聚类组合,形成一个递阶的、有序的层次结构模型。其次,对模型中每一层次因素的相对重要性,依据人们对客观现实的判断给予定量表示,再利用数学方法确定每一层次全部因素相对重要性次序的权值。最后,综合计算各层因素相对重要性的权值,得到最低层(方案层)相对于最高层的(总目标)的相对重要性次序的组合权值。以此作为评价和选择方案的依据。

(二)统计分析法

统计分析法是运用各种有关藏书的统计数据进行分析和评价的方法,它是定量研究的初级方法。最具代表性的有流通统计分析法、图书流通率与拒借率比较法两种。

1. 流通统计分析法

这种统计方法主要是把流通统计与藏书统计进行对比,判断藏书量是否能够满足读者需求。如果各主题藏书在全部流通量中的比率与该主题的流通量在全部流通量中的比率的比值大于1,说明藏书量不够;小于1,说明藏书量过剩;等于1,说明藏书量刚好合适。该法对藏书数量做出了较准确的测定,但无法对藏书质量进行评价,因而有一定的局限性。

2. 图书流通率与拒借率比较法

斯多利亚洛夫提出了图书流通率与拒借率比较法。这种方法将藏书周转率(图书流通率)和拒借率进行对比,评价藏书的规模和质量。其中藏书周转率是藏书流通量占藏书总量的比率;藏书拒借率是一定时间内,读者合理借阅要求中未借到文献占所要借文献总数的比率。将两项指标进行对比,得出四种藏书状态。

①如果藏书流通率指标最佳,而拒借率小于20%,则藏书数量和质量都是最佳状态。

②如果流通率非常高,拒借率大于20%,说明藏书的质量比较高,但数量不足,藏书完备性不足,应提高常用文献的复本量。

③如果流通率较低,而拒借量不多,则表示藏书内容较好,但藏书过分完备,应降低某些图书的复本量以压缩藏书量。

④当流通率较低,而拒借率比较高时,如果藏书已经达到一定规模,则表示内容不合适,应剔除无用藏书,努力改善藏书的结构;如果藏书量尚未达到某个基数,则要加强文献收集,同时改进馆内各项工作,有效地提高流通率。这种方法通过两项指标对比,综合考察了藏书的数量和质量状况,评价比较客观和全面。

(三)模糊数学方法

模糊数学是研究和处理模糊现象的数学分支。1965年,美国学者扎德提出了模糊集的概念，标志着这一新的数学分支诞生。客观世界存在许多模糊现象和事实，如果用精确的数量去描述难以做到，把隶属函数引入并作为描述模糊现象及其差异的数学模型，可以很好地解决这些模糊判断和推理问题。人们在现实生活中经常使用模糊方法去思考和推理，用数学方法描述模糊事物不仅可能，而且可行。

图书馆信息资源配置评价也可以使用模糊数学的原理，模糊数学的应用，丰富了图书馆评价的方法和手段，使许多用其他评价方法不能处理的问题都可以靠它解决。信息资源配置的评价是一个复杂的系统工程，它包含众多评价指标，这些指标又具有不同的类别和层次。其中既有明确的数量关系的指标，也有许多不能用数量关系描述的指标，简单地用一种评价方法难以奏效。使用模糊数学方法，可以对评价对象的模糊性和复杂性给予客观的描述，否则将最终影响评价的实际效果。因此，在研究和选择信息资源建设评价方法的过程中，如果考虑选择模糊数学方法来建立多层次模糊综合评判模型，将会使评价结果更为精确和真实。

模糊数学方法虽然解决了信息资源配置中一些模糊评价问题，但也有其不足，就是对评价对象的动态变化缺乏考察，只能判断评价对象的优劣，但实际上图书馆信息资源评价指标中还有类似"越来越""逐渐""日趋"等动态模糊现象，因此，有必要采用动态模糊评价法来更好地处理类似的问题。引入动态模糊集理论为图书馆评价的定量化和科学化，提供了一个完整而有效的方法。

从整体看，图书馆评价工作本身就具有动态模糊性，对某个指标的评价，根据目前的工作目标或重点给予一定的权重，根据工作计划的调整安排或内外环境的发展变化，这一指标的权重有可能被放大或缩小，而绝不是一个固定不变的定量。比如，随着互联网的普及，人们对数字资源的需求逐渐大过对纸本文献资源的需求，因此，数字资源的比重就会抬高，纸本资源的比重就会下降，反映在评价中的权重也会相应变化。再如，工作人员服务质量和服务水平的逐渐提高，服务态度的逐渐改善与用户对图书馆满意程度的提高，收藏信息资源数量的增多和用户利用率的提高，用户自身信息素养的增强与其利用信息资源能力的上升，等等，都会促使权重指标发生相应的变化。

目前的评价法本身已经违背了评价结果的动态模糊性规则，以及因素间关系的动态模糊性规则，权重的定额分配直接影响评价的结果。因素间关系权重分配的不合理、不科学，将直接使评价结果"失真"。为使评价能反映事物的本来面目，因素间关系的动态模糊性不容忽视。

动态模糊评价方法的优势显而易见，它既考虑了评价过程中的模糊性，也考虑了评价过程中的动态性，将评价过程中出现的"亦此亦彼"的动态模糊现象采用动态模糊思想予以描述，对评价对象的动态变化情况进行了评估或给出了预测。当然，动态模糊综合评价方法也存在一定的缺陷，主要表现在以下两个方面。

①评价结果具有多样性。在动态模糊综合评价中，影响评价结论产生的因素有很多，选择不同的评价模型，就会得出不同的评价结果，如果选择同一种评价模型，但由于指标权重系数的确定有变，或给定的评价等级赋予分值的高低有所不同，或评价指标的确定方法各有不同等因素，会得出迥然不同的结果，甚至会出现相反的评价结果。这是动态模糊综合评价方法出现评价结果多样性的主要原因。

②评价结果具有主观性。在动态模糊综合评价中，权重的确立是最关键和最核心的问题，它直接影响和决定评价结果。但我们对权重的确立，没有一个科学客观的标准，权重大部分是依据评判人员主观确定的，而权重的确定往往由评价人员对权重的理解和认识所限，对评价对象和评价指标的认识与理解不同，就给予不同的权重系数，因此评价结果具有明显的主观性。再加上评价对象不是具有很大的模糊性，做出非此即彼、非优即劣的评价判断，其实是一件非常困难的事情，对评价结论的描述，也难以做到客观合理。很多情况下评价人员的主观性描述，如工作人员服务态度的评价、阅览环境好坏的评价，完全依靠评价者的主观体验和感受，对服务态度和服务环境的体验感受不同，所得出的结论大相径庭。因此，动态模糊综合评价的结果难免掺杂主观因素，难以做到完全的客观公正。

（四）成本效益分析法

成本效益分析法的概念是由19世纪法国经济学家朱乐斯·帕帕特首次提出的，它是以经济学角度衡量资金投入的合理性，研究如何以较少的成本获得最大的效益，以便更好地对资源的配置进行优化。将成本效益分析法应用于图书馆数字资源的研究，主要是针对数据库资源的研究，有利于图书馆的管理者从定量的角度了解资金的使用状况以及资金的投入是否达到了预期效果，是否选择仍然购买该数据库资源。

成本效益分析法主要是通过效益指标来进行衡量的。它包括成本评估和效益评估。其中，成本的评估，需要有购买数据库的资金数据和有形的成本指标。有形的成本指标，即单次使用成本，包括单次访问成本、单次检索成本、单次下载成本，这些数据可以表现数据库的使用状况。而效益的评估，由于其并不是直观的，所以它是无形的指标，它一般是通过设置调查问卷的方式对用户进行调查，再将得到的结果进行统计分析的。

（五）网络计量评价法

网络计量学是阿曼德首次提出的。阿曼德认为，网络计量学包括了所有使用情报计量和其他计量方法对网络通信有关问题的研究。情报计量方法所使用的手段完全可以应用到万维网上，只不过是将万维网看作引文网络，传统的引文被万维网页面取代。将传统文献计量方法使用在万维网分析上，通常可统计诸如语言、单词、词汇、频次、作者特征等方面的内容。

网络计量评价法指在网络环境中运用文献计量、科学计量、信息计量等方法，对网上各种信息资源的组织、存储、分布、传递及相互引证等做出定量描述并进行统计分析。网络计量评价法较为客观，近年来的电子资源评价通常都包括以网络统计数据为基础的评价指标。对日志文件的统计分析可揭示一段时间内服务器所接受的访问次数、用户浏览网站的过程，以及用户下载数据的情况，这些统计分析完全依赖于图书馆、地区图书馆联盟或供应商的基础技术结构的各类统计系统。目前我国图书馆的电子资源购买模式多样，用户可以采用远程访问和本地区或本馆镜像等多种访问方式来访问图书馆，有些方式需要通过代理服务器或防火墙，有些是直接访问的。在实际评价操作中，如果采用网络计量评价法，则在设计数据统计技术结构方面，更需要明确图书馆、供应商等收集用户利用信息的责任。

网络计量评价法从理论上讲，是一种系统、客观、规范的数量分析方法，评价结果相对客观，便于各图书馆之间做横向比较，是网络信息资源评价的一个重要发展方向。但在进行电子资源的评价时，该方法目前还存在许多问题，如数据信息的连接与引用的关系问题直接影响各种定量指标数据捕捉的实时性、完整性和可靠性。

（六）第三方评价法

相对于网络信息资源的发布者（所有者）以及网络信息资源用户而言，第三方根据特定的信息需求，建立符合特定信息需求的信息资源评价指标体系，按照一定的评价程序或步骤，得出网络信息资源的评价结论。在第三方评价法中，评价多侧重于综合性网络资源，面向普通网络用户，所选择的评价指标体系包括日访问量、网站设计的感官效果等，注重网络资源的形式而不注重信息内容。

第四节　图书馆文献信息资源建设评价指标体系构建

一、信息资源建设评价指标体系的构建原则

（一）科学性

指标体系里的每个指标都要有明确的含义和统计界限，都要能直接或间接地反映图书馆信息资源的特点。指标的选择与层次划分要符合思维逻辑，各级指标的划分标准应统一，各子项不应相容，在准确、全面反映图书馆信息资源特点的同时，评价指标还要能反映图书馆信息资源的发展方向，体现现有图书馆资源发展的不足。

科学性原则是各种评价指标体系的立身之本。图书馆制定出的各项评价指标都要有明确的含义和目标导向，各项指标的设立应有科学依据，能揭示和反映馆藏最本质的状况。每一项指标的权重的确定都应经过深入调查、系统分析等过程。

（二）整体性和系统性

评价指标体系由一组系列化的由浅入深、由表及里的指标组成，考虑数字资源的特点包含两个方面：一是自身的静态特点，包括收录内容，检索系统等；二是使用过程中的动态特点，包括具体的使用情况和效益等。因此，构建的指标不应该是孤立的，而应该能同时反映以上两个方面的特征，成为一个系统化的完整体系，只有这样其才能全面、系统、准确地评价数字资源。

评价指标体系是一组系列化的由浅入深、由表及里的指标组成，考虑数据库、读者、环境等诸项因素对评估值的影响，应减少或减轻评估人员的主观性对评估值的影响。

（三）灵活性

评价指标体系，应具有一定的灵活性，既能作为整体框架用于全面评价一个图书馆信息资源的总体情况，也要能对比评价同类型图书馆资源和不同类型图书馆资源之间的情况，满足图书馆在资源购买、服务的不同阶段对评价的需要。

（四）数据可获得性和合理性

为使评价在实践中能顺利进行，各评价数据应该易于收集和获取。不能直接获取数据而需要采用其他方法间接赋值的指标，应考虑具有合理的赋值方法与之相适应。

（五）可操作性

在考虑指标体系的科学性的基础上，必须考虑该体系的可操作性，应尽量选取较少的指标反映较全面的情况，为此，所选指标要具有一定的综合性，指标之间的逻辑关联要强，具有可比性。而且，所选取的指标应该尽量与数字资源现有数据衔接，必要的新指标应定义明确，以便于数据采集。

评价指标应遵循定性和定量相结合的原则来确定。各项指标的收集及评定要具有较强的客观性和可操作性，减少主观性指标，增加客观性指标。指标选择上，各指标应简单明了、便于收集、易于统计，在针对不同图书馆的信息服务评价应具有通用性，且具有很强的操作性，易于不同图书馆之间进行比较。

（六）全面性

信息资源建设评价指标体系，既要能够全面地反映信息服务在图书馆中的状况，也要尽量反映其各个组成部分的特点及变化趋势，在部分与整体统一的基础上，体现图书馆服务层次的提高。

（七）深刻性

评估指标对于比较数字资源的学术性和学术质量有实质性效果，形成的结果能够对数据库的采购起到参考作用。

二、信息资源建设评价指标体系的构建过程

评价指标体系的构建应根据实际情况，对不同评价对象和评价目标采取灵活的处理方式。总体上来看，构建信息资源建设评价指标体系的具体过程如下。

（一）明确评价意图

明确评价意图，就是要首先搞清楚评价的对象是什么，评价要达到什么目的。同一评价对象，如果评价目的不同，对评价的理解及所涉及的内容就可能有所不同，所建立的评价指标体系也会有所差异。这里的评价对象是图书馆信息资源建设的整体状况以及各个不同的侧面，评价时应将图书馆信息资源对社会需求的满足能力和信息被利用程度作为评价的基点。所以，评价指标体系就要围绕这个主

题展开。图书馆应通过评价找出最佳质量点，获得决策依据，以达到适时有效地调控馆藏资源建设发展过程的目的。

（二）筛选测评指标

与被评对象有关的因素有很多，这些因素有的在测评指标中起着主导作用，有的则只起次要作用。针对评价对象和评价目的，选择测评指标是建立评价指标体系的关键一步。

选择测评指标的一般原则是看其在评价过程中所起的作用大小。在筛选测评指标之前，可以先对评价对象进行全面调查分析，对所有相关因素都尽可能做到胸中有数，然后再对松散状态的指标进行重要性比较和排队梳理。其中，极重要、重要的因素都可选作为测评指标。而那些对评价结果不产生影响的因素，以及仅仅具有较小的影响作用，或者说评价价值较低的因素就应该予以排除。

此外，还需要恰当地限定指标的数量和层次。一般认为，应以尽量少的主要指标运用于实际评价工作。如果指标数量太多，层次过于烦琐，就可能造成轻重不分、主次不明，进而降低评价的准确度。同时，这也会加大评价的工作量。如果指标选择太少，过于粗略，则不能反映评价对象的本质特征，达不到良好的评价效果。

（三）建立评价指标体系

指标的集合是松散的集合，要对其做出正确评价，就必须理顺它们之间的相互联系，进而形成一个互为关联的体系。因此，在筛选出评价指标后，还必须建立评价指标的结构体系，使各项指标元素之间形成质的联系。建立评价指标体系时，可采用层次分析法中的递阶层次结构模型，以指标间相互制约关系为纽带，建立起相关树状的层次结构指标体系。但要注意，在所形成的评价指标体系中，各项指标都必须依照其支配关系而存在，而且只考虑一种主要的支配关系，不允许出现指标循环制约关系。

（四）检验与优化

建立任何评价指标体系，都必须通过实践检验，并根据实际情况进行必要的修正。信息资源建设本身就是一个反复深化、不断创新的过程，评价指标体系也需要随着信息资源建设体系的变化情况，不断完善和优化自身，这样才能始终保持指标体系的客观性与实用性。

(五)确定评价指标体系

1. 读者满意性指标

读者满意性指标包括数字化资源,由网络信息资源、数据库、电子文献组成;非数字化资源,由各类纸质文献组成;技术设备,由图书馆管理系统、多媒体阅览室、各种计算机硬件、各种计算机软件、复印设备、打印设备组成。

2. 馆藏特色性指标

馆藏特色性指标包括特色文献收藏,由古籍、名人字画、学科特色文献、地方特色文献、类型特色文献、文种特色文献组成;特色文献开发,由摄影、摄像、录音、民间故事、歌谣、民间风俗、族谱的深加工、特种教育资料、专题述评、进展报告、动态综述、未来预测组成;特色数据库,由综合信息库,成果库,专家库,文献信息库,法规、专利、标准数据库,地方特色数据库组成。

3. 结构性指标

结构性指标包括数字与非数字资源的比例,由电子与纸质图书的比例,电子与纸质期刊的比例组成;读者结构与信息资源的契合度,由信息资源总体结构与读者类型结构的相关性,藏书结构与学科结构的适应性,信息资源总体数量与读者数量的比例组成;基本馆藏与其他馆藏的比例,由外文信息资源与中文信息资源的比例,基本馆藏与特色馆藏的比例,重点学科与其他学科信息资源的比例,图书与期刊的比例,高级研究类信息资源与基础类信息资源的比例,新旧信息资源的比例组成。

4. 效益性指标

效益性指标包括社会收益,由对读者科研成果的经济价值贡献,对读者自身素质的提高的程度,对读者个人积极人生观形成的贡献,读者对图书馆文献资源的满意度,读者对图书馆服务的满意度组成;信息资源利用率,由纸质文献外借、内阅量,馆际互借量,数据库利用率,电子文献利用率,知识情报提供、复印传送量,远程信息传送量组成;经济效率,由信息服务各种直接经济收入组成。

5. 安全性指标

安全性指标包括各种安全预防硬件设施,如消防设施、各类防盗设备、温度湿度控制设备、防雷电设备、防磁场设备、防静电设备等;安全预防软件设施,如杀毒防毒过滤软件与技术,同时图书馆还需要加强工作人员的安全意识。

参 考 文 献

[1] 杨秀平,瞿学惠,吴春芬. 现代图书馆信息资源建设研究 [M]. 北京:中国原子能出版社,2011.

[2] 李振华. 数字信息环境下图书馆信息资源建设与共享 [M]. 北京:九州出版社,2012.

[3] 俞国琴. 图书馆文献配置价值链创新研究 [M]. 上海:上海世界图书出版公司,2014.

[4] 袁琳蓉. 大学图书馆特色数字信息资源建设与服务 [M]. 成都:四川民族出版社,2014.

[5] 刘瑜. 现代图书馆信息化建设与服务探究 [M]. 北京:中国书籍出版社,2015.

[6] 欧阳剑. 泛在信息环境下图书馆信息资源组织研究 [M]. 北京:知识产权出版社,2015.

[7] 金胜勇. 图书馆信息资源共建共享理论 [M]. 北京:人民出版社,2015.

[8] 周红炜,张长荣,陈光. 现代图书馆的信息化建设与管理方法探究 [M]. 上海:上海交通大学出版社,2016.

[9] 刘磊. 社会网络环境下用户参与的图书馆数字信息资源建设模式研究 [M]. 北京:中国社会科学出版社,2016.

[10] 李梅. 信息时代背景下图书馆服务功能的优化与创新研究 [M]. 长春:吉林出版集团股份有限公司,2017.

[11] 潘丽琼. 图书馆信息资源建设与服务创新研究 [M]. 长春:东北师范大学出版社,2017.

[12] 聂应高. 数字信息检索技术 [M]. 武汉:湖北科学技术出版社,2018.

[13] 李华,史新伟,李迪. 高校图书馆信息资源建设与学科服务研究 [M]. 北京:中国纺织出版社,2018.

[14] 容海萍, 赵丽, 刘斌. 图书馆信息资源建设 [M]. 广州: 世界图书出版广东有限公司, 2019.

[15] 宋丽萍, 王颖, 于君. 大数据环境下高校图书馆信息资源建设与共享 [M]. 北京: 兵器工业出版社, 2019.

[16] 江莹. 基于信息资源建设与读者服务的高校图书馆发展研究 [M]. 长春: 吉林大学出版社, 2020.

[17] 韩雨彤, 常飞. 图书馆信息资源建设发展研究 [M]. 北京: 应急管理出版社, 2020.

[18] 罗慧芳. 现代信息检索对图书馆信息服务影响分析 [J]. 当代教育实践与教学研究, 2015 (10): 101.

[19] 曾永松, 苟廷颐. 基于学科服务视角的文献信息检索技能探讨 [J]. 山西科技, 2019, 34 (4): 55-57.

[20] 魏秀杰. 浅谈数字图书馆及文献信息检索服务 [J]. 牡丹江教育学院学报, 2019 (3): 79-80.

[21] 李静. 大数据背景下图书馆信息资源建设机制 [J]. 产业科技创新, 2020, 2 (36): 97-99.

[22] 赵婷婷. 数字时代图书馆文献资源建设研究 [J]. 图书馆学刊, 2020, 42 (11): 56-58.

[23] 田丽梅. 区块链理念下图书馆信息化服务探析 [J]. 山东图书馆学刊, 2020 (5): 8-12.

[24] 丁宁宁. 基于微信小程序的移动图书馆信息服务平台功能初探 [J]. 信息与电脑 (理论版), 2020, 32 (18): 96-98.

[25] 孙晓燕. 信息化教学条件下信息检索与利用课程考核改革研究 [J]. 大学, 2021 (47): 122-124.

[26] 孙晓燕. 高水平应用型高校图书馆建设的管理举措及思考 [J]. 中国民族博览, 2020 (12): 243-244.

[27] 孙晓燕. 应用型本科高校图书馆管理与服务: 以山西工商学院图书馆为例 [J]. 中国民族博览, 2018 (12): 253-254.